跨组织边界视角下

企业人力资源管理角色发展

李 隽◎著

中国铁道出版社有限公司
CHINA RAILWAY PUBLISHING HOUSE CO., LTD.

图书在版编目(CIP)数据

跨组织边界视角下企业人力资源管理角色发展 / 李隽
著. — 北京 : 中国铁道出版社有限公司, 2024. 9.
ISBN 978-7-113-31391-3

Ⅰ. F272.92

中国国家版本馆 CIP 数据核字第 2024VZ8475 号

书　　名：跨组织边界视角下企业人力资源管理角色发展
　　　　　KUA ZUZHI BIANJIE SHIJIAO XIA QIYE RENLI ZIYUAN GUANLI JUESE FAZHAN

作　　者：李　隽

责任编辑：冯彩茹
封面设计：宿　萌
责任校对：刘　畅
责任印制：赵星辰

出版发行：中国铁道出版社有限公司（100054，北京市西城区右安门西街 8 号）
网　　址：http://www.tdpress.com
印　　刷：北京铭成印刷有限公司
版　　次：2024 年 9 月第 1 版　2024 年 9 月第 1 次印刷
开　　本：710 mm×1 000 mm 1/16　印张：14.5　字数：186 千
书　　号：ISBN 978-7-113-31391-3
定　　价：69.80 元

前言

竞争环境的日趋复杂与激变促使企业管理方式不断变革,并推动着人力资源管理职能升级、转型。而伴随人力资源管理职能形态演化,人力资源管理也经历了从一般性行政管理角色向服务传递者角色,继而再向战略性伙伴角色提升的发展历程。虽然人力资源管理对组织绩效的战略性贡献已经被广泛证实,但现实中仍然有相当一部分人力资源管理部门(管理者)无法承担起扮演战略性伙伴角色的使命要求。理解人力资源管理源自哪里、走向何处,以及如何走向未来正是帮助我们厘清理论与现实之间的分歧、破解问题症结的重要任务。

从实践层面来看,企业很难单纯依靠自身力量对抗技术的不断迭代和市场需求的瞬息万变,组织之间围绕采购、研发、设计、生产、销售等环节展开的跨边界合作行为不断涌现。组织变革引致人力资源管理职能在"价值创造"的过程中必须力求满足组织内外不同利益相关者的诉求,成为"员工的守护者""业务伙伴""变革代理人"等。而从理论层面来看,企业人力资源管理在经历了从人事管理到人力资源管理,再到战略性人力资源管理的演化后,仍需继续找寻新的价值所在。在此背景下,推演人力资源管理角色及其形态的发展轨迹与内在机制就呈现出较强的现实意义和理论价值。

本书基于对产业实践和既有理论的梳理,从跨组织边界视角分析企业人力资源管理职能业态演进逻辑,并在人力资源管理角色类别划分的基础上,全面诠释跨边界人力资源管理角色的形成与发展轨迹,旨在拓展及构筑人力资源管理角色研究的理论体系,并达到以下目的:其一,从人力资源管理角色分类出发,辨析与反思人力资源角色结构学派的主流观点;其二,从跨组织边界的分析视角,探讨企业人力资源管理跨边界角色的功能及结构;其三,运用中国企业实例剖析人力资源管理角色发展的动因及过程形态,诠释角色发展的内在逻辑,构建人力资源管理角色发展研究的中国理论体系。

本书在以下几个方面进行创新:首先,构建了开展人力资源管理角色分析的 P-R-T 模型(即角色的关系特征、任务特征和胜任力特征),弥补了过往研究侧重现象探讨、忽视理论研究建设的不足;其次,本书从跨组织边界视角入手,针对企业人力资源管理角色结构进行了静态和动态、内部和外部角色的区分,解析了跨边界人力资源管理角色的功能和内涵,分析了这一外部角色的发展动因及形态;最后,本书通过实证研究检验了人力资源管理角色发展与相关变量之间的关系,为企业在动态复杂环境中构建战略性人力资源管理角色体系提供了理论依据和实践指导。

作 者

2024 年 5 月

本书是在"北京君威精诚科技有限公司科学研究与管理咨询服务"合作项目的咨助下完成。

目　　录

I

第一章
绪　论

20世纪80年代以来，组织竞争环境的日趋复杂与激变促使组织管理方式发生变革，也不断推动着人力资源管理角色转型。虽然理论研究强调人力资源管理职能战略性角色的重要性，但大多数企业中人力资源管理部门及人力资源管理者的地位依然徘徊在组织边缘，并没有沿着主流理论指明的方向转变。现实与理论间的巨大差距使人们对人力资源管理的价值判断陷入困境，也牵制着人力资源管理角色的发展。

究竟是理论研究偏离了现实，还是人力资源职能角色的转变存在根本性障碍；人力资源管理角色转变的影响因素及内在机理如何？……相关研究指出，对人力资源管理角色转变的内在机理和情境性研究不足是造成当前理论研究与复杂现实脱节的关键原因。基于此，本章从竞争环境与组织结构变革等背景出发，提出问题、内容、方法和技术路线等并进行阐述。

第一节　背景与问题

一、背　景

在人力资源管理（human resource management，HRM）与组织竞争优势、组织绩效等关系的探讨中，人们对人力资源管理的角色及其价值贡献问题的探讨从未停息。针对企业人力资源管理价值的争论逐渐演变为战略人力资源管理领域的关键问题之一——人力资源管理应当扮演什么样的角色。而从实践层面来看，对人力资源管理角色的理解不能脱离对组织方式的理解。

（一）竞争环境、组织变革与人力资源管理转变的趋势

早期的组织社会学研究倾向于将组织看作独立于环境的一个系统，并认为组织结构等是组织分析之前就已经客观存在的一种"情景"。直至后来，组织理论研究者 Udy(1959)首次尝试将民族志方法应用于分析不同组织模式中结构特征变量与其他变量关系，组织研究才开始将组织结构视为环境影响的因变量。这一研究范式的转变意味着组织不再被看作封闭系统，而是作为受到外界环境影响的开放系统存在。此后，组织理论进一步发

展,揭示了组织结构与组织环境之间存在复杂关系。复杂适应系统理论认为:环境是影响组织决策、战略选择和组织结构设计等的一个关键因素;同时,组织通过内在学习和经验积累,在改变自身结构与行为模式的情况下,也不断影响着组织环境变化的方向和强度。环境与组织的交互演化最终导致整个组织宏观系统出现分化和多样性。因此,分析环境变化是理解组织变革的一扇窗口。

进入 20 世纪 80 年代后,在社会转型、科技进步与文化变迁等诸多因素的影响下,企业竞争环境发生了根本性的变化,稳定的、简单的、可以预见的竞争环境被动态的、复杂的、难以预测的环境取代。这种高度动态多变的环境不断催生出混乱、非均衡和不确定性,使得传统组织形式由于管理成本居高不下、组织效率不断降低、组织摩擦越来越大而失去了优势,组织变革成为必然。Cook 等人(1983)认为,组织对外界环境的适应既需要通过调整内部结构安排来实现,也需要通过与各种组织建立关系来达成。该观点为我们理解组织结构转变和组织间关系的形成提供了依据。

一方面,从企业结构变化来看,自 20 世纪初期开始,传统的科层组织结构形式相继经历了几个重要的发展阶段,最终演化为以结构扁平、边界模糊为基本特征的新型组织形态。为此,Burns 和 Stalker(1961)把组织结构划分为两种基本形态:机械式组织结构与有机体式组织结构。机械式组织结构的典型特征包括组织层级多、依靠制度与规范进行正式管理、命令的上传下达,以及组织职能的明确划分等,它比较适合于稳定、简单的竞争环境;有机体式组织结构则更多地表现为组织管理层级较少、管理幅度增加、权力下放与组织结构松散性等,有机体式组织结构更适合于不确定性的组织环境。自 20 世纪 70 年代起,业务重组与流程再造成为实现机械式组织向有机体式组织变革的主要途径,而这也改变了人力资源管理职能的配置方式和任务——业务部门承担了越来越多的常规性人力资源管理活动。人力资源管理职能分权化成为普遍现象（Larsen 和 Brewster，2003）。但人力资源管理权力的下放是把双刃剑：一方面，它为人力资源管理角色转型提供了可能，提升了人力资源管理部门在组织中的地位；另一方面，人力资源管理部门也遭遇了前所未有的信任危机。这些问题不仅体现在业务管理者与人力资源管理专业人员的关系上，而且业务管理者是否具有管理人力资源事务的能力和意愿，以及组织内人力资源管理专业人员角色的缺失都将对人力资源管理职能在战略整合中的作用带来影响，进而影响到组织忠诚、组织柔性与管理质量。

与组织结构变革并驾齐驱的另一个典型变化来自企业间关系的不断衍生和蓬勃发展。从相关数据来看，企业间关系由竞争向竞合转变成为20世纪末期组织竞争思维变革的主流，也预示着一种全新的管理理念的诞生。组织生态理论认为，单一企业应将自己视为一个组织生态系统、组织群、组织网络或组织集成中的一个单元、元素或组成部分，并通过寻求更大范围内的合作来规避环境不确定性带来的风险。组织间关系不断衍生并发展为介于市场与企业中间进行资源配置的第三种组织形态——中间型组织。组织间关系的形成对于降低交易成本，提高企业效率，快速应对环境变化具有重要作用。在此背景下，组织间关系管理相继成为经济学、战略管理学和组织管理学等交叉学科研究的热点问题。在组织间关系由竞争转向竞合的大趋势下，组织进行交易和生产活动的形式发生了根本性变化，多个企业共同承担管理任务的情况越来越普遍，组织内部人力资源管理职能活动向组织边界之外的组织之间溢出变得越发突出。国外一些学者的研究发现，组织内部人力资源管理职能不断向组织外部、企业之间以及专业服务市场转移，企业人力资源管理组织网络相继产生，并形成了超组织人力资源管理实践。在超组织人力资源管理实践模式下，人力资源职能外包、劳务派遣、基于组织联盟关系的人力资源管理以及人力资源业务外包等多种形式不断涌现，呈现出人力资源管理职能在管理跨组织边界活动上的新特征，即传统企业组织模式下人力资源管理职能构型所具备的边界确定、职责明确以及主体相对单一的特点被边界模糊、主体多元化、功能柔性等新形态取代。显然，组织间关系的演化导致了跨组织边界人力资源管理职能活动的形成，并由此产生了人力资源管理的新角色，即跨组织边界角色。

传统上，人们分析人力资源管理角色是在比较狭隘的组织边界内进行，但在今天高度动态的、以知识为驱动的经济环境下，人力资源管理角色的分析需要从组织内、外重新进行挖掘。Buttery 和 Buttery(1995)的研究表明，通过为网络环境中的组织提供边界管理服务，人力资源开发能够更有效地识别胜任力、信任和沟通中的关键问题，从而有利于战略伙伴角色的扮演。然而，目前针对跨组织边界情境下人力资源管理的职能角色定位、组织地位、角色声望和角色发展的研究却相对较少。

(二)竞争优势、组织动态能力与人力资源管理角色演变的内在逻辑

在竞争环境向全球化、信息化和一体化方向加速迈进的大背景下，维持持久的竞争优势对任何企业来说都变得越来越困难。环境的复杂动荡使得通过战略意图的完整执行来获取竞争优势的战略管理理念失去了价值，促成了人们从不同视角去分析组织竞争优势的真实来源。

以迈克尔·波特为代表的早期战略结构理论学派认为，选择性地进入有利可图的行业是维持企业竞争优势的关键。因此，对组织外部产业环境和组织内在优劣势进行扫描分析成为组织战略制定的核心环节。但

结构学派无法解释在相同条件下，不同企业在绩效上存在的显著性差异。此后，以 Barney 为首的资源基础观认为，只有那些难以被模仿、不易被替代、能为组织带来附加价值，以及稀缺的资源和能力才构成组织的竞争优势所在。尽管因同义反复和逻辑悖论使资源基础观遭到了质疑，但从组织内部寻求对竞争优势来源的解释成为一种新的研究范式，得到广泛认同。

在资源基础观的启发下，一些学者通过比较资源和能力的异同及两者关系提出了关于竞争优势来源的新见解。Kamoche(1996)认为，组织资源（知识、技能和经验等存量）必须通过组织能力（包括组织惯例、人力资源政策与实践等）的转化才能成为企业核心胜任力，进而形成企业竞争优势。Teece，Pisano 和 Shuen(1997)则将生产要素和专有资产等内、外胜任力进行有机整合，构建与重塑，把适应组织外部快速变化环境的组织惯例和管理活动界定为组织能力；从而对能力与资源进行了区分。围绕组织资源与组织能力的争论，另一些学者则尝试着对组织能力特征、构型及其与竞争优势间的关系进行研究。但 Helfat 和 Peteraf(2003)的研究却发现，在某一时点上所形成的核心能力有可能转化为企业的核心刚性，从而阻碍新的竞争优势获得。Leonard(1992)也认为，在高度动态的竞争环境中，企业租金不再来自专门化的惯例，而是来自企业柔性化的能力。这表明，人们开始关注既有静态研究的弊端及存在的问题，并试图通过动态研究方式来揭示组织如何在持续性战略和组织行为更新过程中获得长久的竞争优势。为此，组织动态能力理论取代资源基础观成为战略管理研究的主流派别之一，组织动态能力的获得、维持与发展是组织获得持续竞争优势前提的观点得到更多学者的赞同。至此，有关资源冗余、组织学习、战略柔性等与组织竞争优势关系的研究成果不断涌现,并相继成为战略理论研究的核心议题。

人力资源管理研究则从资源基础观和组织动态能力理论中汲取了丰富的营养,提出了战略人力资源管理理论观点。从战略人力资源管理理论看来,人力资源管理的价值贡献究竟体现在什么地方是人力资源管理职能必须回应的核心问题。围绕此问题,Barney 和 Wright(1998)构建了分析人力资源与组织竞争优势关系的 VRIO(value rarity inimitability organization,分析企业内部资源与能力的模型)框架,充分肯定了人力资源的战略价值以及组织的人力资源管理能力对持续竞争优势的影响。Becker 和 Huselid(1998)通过实证研究验证了 Barney 等人的观点,发现那些重视人力资源管理活动的公司比不重视该项职能的公司更容易获得高的组织绩效。Edward 和 Susan(1996)进一步将人力资源管理的价值增值活动聚焦到组织战略开发与实施过程,证实了人力资源管理与组织战略柔性相关的基本假设。此后,战略人力资源管理构型观、权变观和情景观等理论逐渐形成并倡导:将人力资源管理各职能进行横向整合,以及将人力资源管理职能与组织战略进行纵向匹配;唯有如此,方能实现从传统的企业管家角色向战略性伙伴角色转变,提升人力资源管理在组织战略管理中的话语权。这其中,Tusi(1984)首先从多重利益相关者视角论述了组织环境变化给人力资源管理部门带来的挑战,以及面对新要求人力资源管理应当通过扮演不同角色来证明其价值。Ulrich(1998,2001)关于人力资源管理从企业管家角色向战略伙伴角色转变、进而从战略伙伴向战略参与者角色转变的系列论述则强化了从业者对于人力资源管理角色转变的现实意义与未来前景的认同。至此,人力资源管理角色类型涵盖了战略伙伴、员工发言人、变革代理人和行政管理专家等。这些角色构型将人力资源管理职能的组织地位提升到了战略性高度。此后,围绕人力资源管理职能如何才能在组织中扮演战略性角色,完整参与组织战略管理的相关探讨不断涌现,逐步完善了战略人力资源管理理论体系。

(三)人力资源管理角色的研究争议

在战略人力资源管理的相关研究中,人力资源管理承担企业战略伙伴角色的观点深入人心(Fombrun,Tichy 和 Devanna,1984)。然而围绕人力资源管理如何才能实现从企业管家角色向战略伙伴角色转变的争论从未停止。

(1)虽然人力资源管理的角色分类获得了主流理论的普遍认可,但在角色分类的具体命名和内涵界定上仍然存在较大分歧。例如,Ulirch 等人提出了人力资源管理战略伙伴、企业管家等角色概念,但这些高度抽象的概念表述难以清晰确定每种角色的边界。事实上,在战略性角色评价标准上存在显著的差别(Legge,1978;Tyson 和 Fell,1986;Story,1992;Ulrich,1997)。

(2)既有人力资源管理的角色分类研究多是基于组织内部视角展开探讨;在跨组织边界业务中的人力资源管理职能发挥的作用和功能没有得到充分重视。有学者认为,从组织边界外或组织间关系视角来界定人力资源管理角色,可以避免角色模糊的问题(Ian,2010;Lee 和 David,2007;Alma 和 Tomas,2003;Russ,Galang 和 Ferris,1998)。在跨组织边界情景下对人力资源管理角色进行全新的界定,或许能够为统一人力资源管理角色类别划分提供有益的尝试,也有利于对真实的、多样化的人力资源管理角色演进过程与形态予以全面解释。

(3)当前人力资源管理角色研究多采用描述性分析方法,实证方面的研究成果相对匮乏(Kessler,Purcell 和 Coyle Shapiro,2000;Harris,2002;Caldwell,2003;孔锦等,2010)。同时,理论研究视角的高度离散也间接影响到了结论的一致性(Farndale,2010;赵晨等,2013),导致人们无法有效识别人力资源管理职能角色发展的真实状况。目前,研究视角的理论来源主要包括新制度主义理论、战略选择理论、谈判演进理论、角色设置理论和协同演化等(Truss,2009)。尽管不同视角的理论研究对推进人力资源管理角色认知具有积极作用,但整合性研究框架的缺失不利于系统解释角色转变的内在机理,并在一定程度上抑制了该领域研究的深入发展。Truss(2009)等人主张从整合型视角去构建理论分析框架,以此回应角色研究的现实需求。

(4)只有少数实证研究结果支持 Ulirch 等人提出的观点——企业人力资源管理正在从行政管理专家向战略伙伴角色转变。多数研究表明,不同企业人力资源管理角色转变的程度和进程存在显著差异(Lawler 和 Mohrman,1995,1998,2001;Cabral-Cardoso,2004;Farndale,2005;Scullion 和 Starkey,2000;孔锦等,2010)。Farnadle(2005)针对制造企业的研究也发现,人力资源管理职能仍然停留于一个较低的组织地位层面,维持着原来的管理方式,并没有出现明显的角色转变迹象。甚至有学者指出,一些组织的人力资源管理正面临信任危机,并丧失其在组织中的合法性(Kochan,2007)。此外,在战略性角色方面的投入会导致人力资源管理者忽视对员工支持性角色的重视。换言之,人力资源管理战略伙伴角色与员工代言人角色间可能存在冲突,尤其是组织决策受到短期导向驱动时两者间的冲突更为明显。组织对人力资源管理战略伙伴角色的诉求已经严重影响到了其承担的一些传统角色的扮演。与此同时,信息技术的使用一方面帮助人力资源管理减少了在常规性工作中的投入时间,使其可以将更多的精力用于战略性活动的管理,有利于促进人力资源业务与组织战略的整合;但另一方面,信息技术和共享服务也可能造成人力资源与本地需求的割裂,影响其战略性伙伴角色的构建。上述高度离散的研究结论让人们对人力资源管理角色的变化产生了认知上的困惑,需要引入新的视角才能找到更具说服力的解释。

(5)当前针对人力资源管理角色问题的研究多是从个体层面着手,比如分析人力资源管理者面临的角色模糊和角色冲突等。依据社会角色理论观点,角色形成与发展是嵌入社会系统或组织系统之中,并经由职能行为外显后的一种表现。所以,理解人力资源管理角色要上升到中观和宏观层面,从组织架构、业务流程与组织战略等因素展开探讨。

(6)现有人力资源管理角色的相关研究多是基于西方文化情境的讨论,尤其是以欧美发达国家的企业实践为主,针对发展中国家和东方语境国家的研究甚为匮乏。我国学者高中华、李超平和吴春波(2010)的研究显示,中国情境下人力资源管理角色具有独特性。孔锦等人(2010)的研究表明,在转型经济下我国企业人力资源管理的地位和作用正在从传统的"事务管理专家"向"战略伙伴"转变,但总体呈现出复杂图景。这些研究表明,分析角色发展需要重视组织情境。

二、问　　题

企业人力资源管理角色的现实状况与主流理论展示的发展方向之间呈现出裂痕。这让我们对一些问题产生了兴趣,比如,在外部环境变化和组织变革加剧的大背景下,企业人力资源管理角色会发生哪些变化? 什么原因阻碍或促进了企业人力资源管理角色的转变? 与西方理论和实践相比,中国情境下企业人力资源管理角色发展进程是否存在特殊性? 对此,着重对以下问题做出诠释:

1. 如何全面理解企业人力资源管理角色的基本属性

角色是社会学的一个核心概念,被认为是社会关系和社会存在的反映,折射了历史演变或社会文化的变迁,抑或人与团体、团体与团体之间关系结构的调整。人力资源管理角色反映出人力资源管理职能和从业者在企业中所处的地位及其行为模式。主流研究成果侧重于从任务特征来界定人力资源管理的角色属性,但事实上角色的属性是多维的。人力资源管理角色除了具备任务属性外,还应包括其他属性,因此构建的 P-R-T 框架为完整理解人力资源管理角色属性提供了新的思路。

2. 人力资源管理角色是如何反映多种社会关系的

在组织边界日趋模糊、组织间人力资源管理业务不断涌现的趋势下,人力资源管理角色系统是否出现了新的构型? Ulrich 的人力资源管理角色分类无法充分体现人力资源管理职能在跨边界合作中扮演的角色类型,并从理论上对其价值贡献给予恰当解释,需要新的角色分类标准来回应这一疑问。伴随组织间人力资源管理业务的兴起,人力资源管理跨边界角色正在重构人力资源管理角色系统,并对 Ulrich 提出的角色类型产生影响。

3. 新的人力资源管理跨边界角色产生之后,企业内、外两种人力资源管理角色如何协同发展

内、外两种人力资源管理角色在自我演进与共同演化双重机制作用下

可能呈现出哪些基本构型？基于动态视角分析框架，将着力解构人力资源管理角色发展的内在机理，并对角色演化的类型进行区分。

4．人力资源管理发展水平与组织情境是否高度相关

如何基于中国实践构建本土理论，充分激发本土学术研究热情及体现本土研究成果的价值？这既是中国学者的使命也是解决当代中国企业管理问题的途径——通过对人力资源管理跨边界角色生成、角色系统协同演化过程以及人力资源管理角色发展机理的整合性研究，部分回应了"中国理论"的构建与价值问题。

第二节　研究目的与实践意义

一、研究目的

通过系统探究企业竞争战略变化、技术加速变革、组织结构调整等内外因素对企业人力资源管理角色发展带来的影响，对人力资源管理跨边界角色的生成及人力资源管理内部角色、外部角色的协同演化过程进行解构，从而为中国企业提升人力资源管理水平提供富有建设性的对策建议。具体而言，主要体现在以下几方面：

1. 完善人力资源管理角色理论体系

现有研究侧重于对西方人力资源管理角色分类进行验证,没有充分重视人力资源管理角色发展问题,更没有将上述两个相互关联的议题进行系统整合。笔者诠释了跨边界人力资源管理角色形成与发展的动因,并对人力资源管理内、外两种角色协同演化的关系构型给予区分,从而贯通了人力资源管理角色分类研究与人力资源管理角色发展研究的关系,拓展人力资源管理角色研究范畴,完善了人力资源管理角色理论体系。

2. 促成战略人力资源管理研究的继续深化

当前,战略人力资源管理领域的研究主题繁多,除了针对战略人力资源管理基础理论(如资源基础观理论、构型理论、权变理论、情境理论等)的研究取得一定共识性成果外,其他议题的探讨多处于浅层次的模型建构与结果验证阶段。围绕人力资源管理角色问题的研究成果更是呈现出高度离散的特点。笔者从跨组织边界视角入手,针对人力资源管理角色发展进行系统探讨,在拓展既有成果基础上深化了战略人力资源管理的研究主题。

3. 对西方人力资源管理角色理论予以反思

现有针对人力资源管理角色分类的研究是以 Ulirch 的理论为主。然而,Ulirch 的人力资源管理角色概念过于抽象,并不适用于指导实践。此后,Ulrich 及其追随者细化了战略伙伴变革发言人等概念的内涵(Ulrich,2015),并开发了测量量表。但在不同国家文化语境下,人力资源管理角色的判断标准仍然比较模糊,解释力不足。少数欧洲语系国家的实证研究表明,人力资源管理角色转变过程存在高度的复杂性,并和组织情境高度嵌人,所以并不适宜采用单一的西方(美国)标准来衡量人力资源角色。当前,我国企业人力资源管理水平与西方国家尚存在明显差距,从国情出发,针对人力资源管理角色类别和发展进行研究不仅有利于拓展西方的理论体系,同时也有利于构建本土化研究理论。

4．论证人力资源管理对我国企业管理的价值贡献

人力资源管理在我国一直面临发展与不发展的困境(杨斌,2008),从而遭受了不少质疑。为了回应这一问题,国内学者进行了积极而富有成效的探索。主流研究主要从学科发展、组织管理、人才培养等方面论证人力资源管理的价值贡献。笔者则从角色视角对人力资源管理跨边界角色生成及角色系统演化发展的机理展开阐释,间接验证了人力资源管理在我国企业管理实践中的价值意义,对重构人力资源管理认知提供了新的视角。

二、实践意义

(一)理论意义

1. 在人力资源管理角色分类的相关研究中,针对人力资源战略性角色概念和内涵的分析居多

多数研究主要是建立在 Ulrich 等人提出的框架模型上,并认为人力资源管理主要是通过参与组织战略决策和实施来体现关键性价值。事实上,在人力资源管理角色类别的命名与内涵界定上还存在诸多争议,尤其是跨组织边界人力资源管理实践①方兴未艾。人力资源管理活动和业务溢出组

---

① 有些学者也称之为超组织人力资源管理实践。

织边界后形成了一些新的外部角色。这些崭新的角色是什么？发挥什么样的作用？诸如此类的问题并未得到充分回答。部分学者认为必须考虑到组织结构变动对于人力资源管理角色构型的影响。笔者从跨组织边界视角出发，剖析了人力资源管理跨边界角色的形成与具体类型，拓展了 Ulrich 的角色模型，丰富了人力资源管理角色的类别范畴。

2. 既有针对人力资源管理角色发展的研究多从个体层面展开

角色是利益相关者对占有某一社会地位的人（角色扮演者）的行为表现的期望，反映了角色嵌入的社会关系。因此探讨角色发展问题应该超越个体层面和群体层面，将分析层面进行整合。笔者以协同演化理论为基础，整合运用新制度主义、角色选择理论和战略人力资源理论等，剖析了组织战略、人力资源部门社会资本结构、组织结构等因素对人力资源管理角色发展的影响，揭示了人力资源管理角色发展动因的多样性作用，检验了跨层次分析研究的效果，补充了主流理论观点①。

3. 主流研究多是探究西方语境下、发达国家企业人力资源管理的角色问题，转型期中国企业人力资源管理角色发展研究相对匮乏，且缺乏系统性

立足中国情境，诠释了影响我国企业人力资源管理角色发展的动因，以及人力资源管理角色系统演化的不同构型，为构建本土人力资源管理理论提供了参考。

(二)实践意义

(1)西方主流理论倡导通过参与战略决策和战略实施来扮演战略伙伴

---

① 主流观点认为企业人力资源管理角色主要是从行政管理角色向战略伙伴角色转变，其角色转变路径呈现出单一发展的特点。

角色,但对如何扮演并未提供实质化建议。笔者通过分析组织间人力资源管理业务特征及其属性,间接论证了人力资源管理跨边界角色的战略性价值,为人力资源管理者扮演战略性角色提供了操作性措施。

(2)当前针对人力资源管理从行政管理角色向战略伙伴角色转变的对策建议基本上聚焦于人力资源管理人员的胜任力,对组织制度层面应有的结构性安排并未做出完整刻画。我们分析了组织间关系、人力资源部门社会资本、组织结构特征、组织战略类别等制度因素对人力资源管理角色发展的影响,为企业人力资源管理角色转变提供了更全面的价值参考。

(3)通过对我国企业人力资源管理角色发展现状与动因的实证研究,为全面总结我国企业人力资源管理实践、诊断我国企业人力资源管理角色发展问题提供了依据,对提升和改善人力资源管理水平发挥价值。

第三节　研究框架与技术路线

一、研究框架

研究框架如图1.1所示。内容将沿着文献梳理—理论构建—实证研究的逻辑展开探讨。首先,在文献梳理和评析基础上构建了人力资源管理角色结构分析的P-R-T模型。其次,通过分析组织间人力资源管理业态,重点剖析了人力资源管理跨边界角色的生成机理及其结构维度。再次,对企业人力资源管理角色发展动因进行了多视角研究。最后,结合我国企业实践开展实证调研。

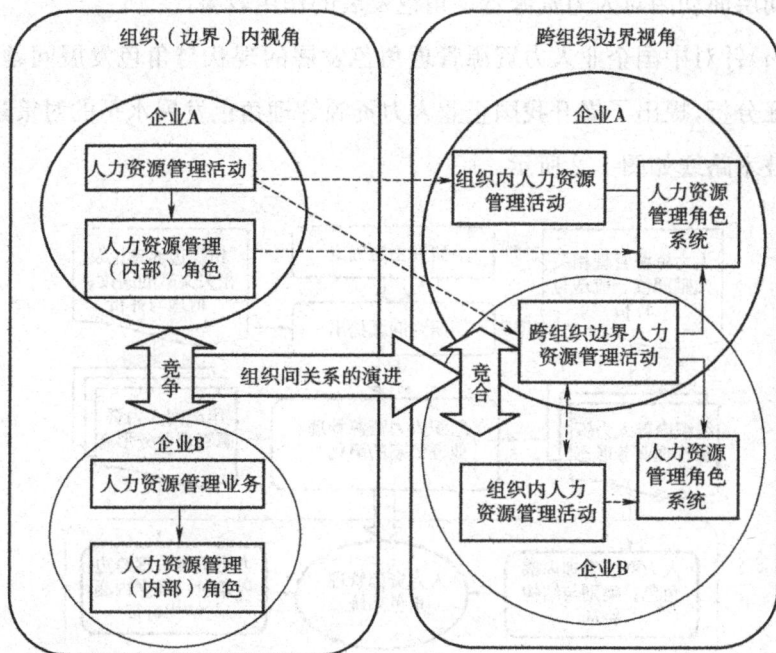

图 1.1 研究框架

二、技术路线

以文献研究为基础,以理论构建为核心,采用实证研究方法探讨企业人力资源管理角色发展的相关问题。

(1)对相关文献进行了收集整理,设计了研究路径与方法。

(2)基于角色理论构建了人力资源管理角色结构分析的 P-R-T 模型,对组织人力资源管理角色特征进行了解析。

（3）基于跨组织边界视角，剖析了人力资源管理跨边界角色的概念内涵与结构维度，对企业人力资源管理角色发展的动因进行了多视角探究，厘清了不同层面动因对人力资源管理角色发展的作用效果。

（4）针对中国企业人力资源管理角色发展的现状与角色发展问题进行了实证分析，提出了提升我国企业人力资源管理角色发展水平的对策建议。

技术路线如图 1.2 所示。

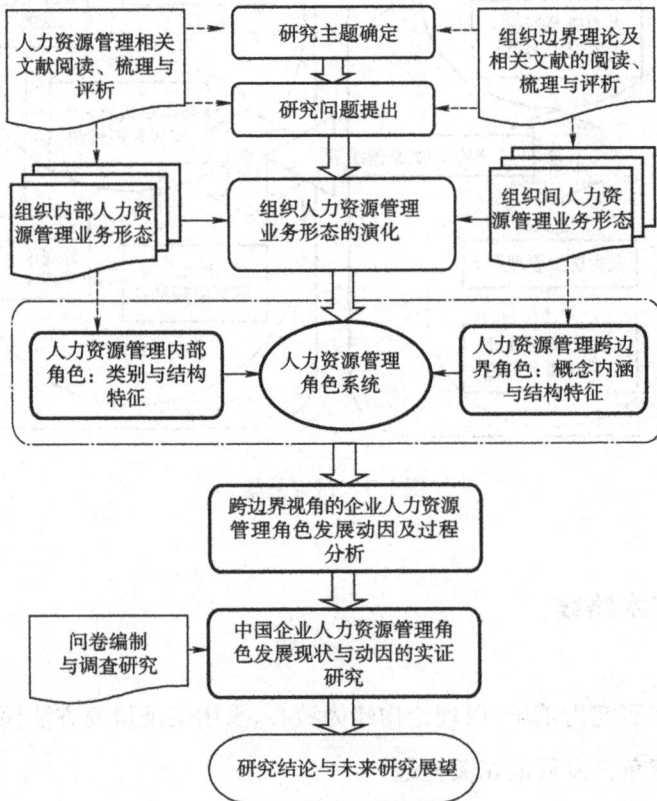

图 1.2　技术路线图

第二章
相关理论与相关研究

人力资源管理角色是 20 世纪 70—80 年代战略人力资源管理领域的一个重要研究议题。近半个世纪以来，中西方学者从诸多理论视角对这一研究问题进行了相关探讨。本章针对企业人力资源管理角色和组织边界的研究成果进行了系统梳理，评析了既有研究存在的贡献和不足。本章内容分为三个部分：第一部分，主要针对角色概念及角色理论进行论述；第二部分，阐释了人力资源管理角色，并对相关研究成果进行梳理；第三部分，对组织边界、跨组织边界概念及组织间关系的相关成果进行了归纳。

第一节 角色概念与角色理论

一、角色概念

当乔治·赫伯特·米德和拉尔夫·林顿第一次尝试性地将原本是戏剧中角色的概念运用于行为科学问题研究之后(Nadel,1957),角色便成为社会学领域最具普遍性的术语。

(一)角色定义及内涵

尽管角色是社会学中应用最为广泛的概念,却在内涵界定上很难统一。社会学主张从社会关系、社会规范、社会地位、社会身份的角度辨析角色;而社会心理学则偏重从个体行为、行为模式的角度下定义。因此,角色既可以被看作是一种自我与他人之间的相互关系,也可以被界定为与某一特殊位置有关的行为模式。

大部分观点认为:作为相互关系的外显形式,角色反映了其嵌入的社会关系的复杂性,角色也因此具有多重性或多元性的基本特征。分析角色的特征和功能必须从其嵌入的社会关系网络着手,社会关系网络的结构特征规定了社会对其成员的角色期待,也决定了个人职能的基本范畴与身份。

比如,Parsons(1951)认为,角色是指在与他人的关系中,焦点主体都做了些什么。Levinsion(1959)则认为,当某人占据了某一职位时,即指该人扮演了与这一职位相关的角色。也有学者认为,每一职位都可以被看作是一系列角色的排列组合,其组合形式取决于它的对手(Merton,1957)。但Thomas 和 Biddle(1966)认为,角色是某一职位的动态方面,它涉及功能、适应、流程或行动;职位则更多指依据共同特征、共同行为和在对待他人时的共同反应方式,是将个体进行普遍性识别的分类。所以,角色同时反映了社会地位的动态变化,是权利与义务的集合体。

基于行为模式的角色概念则主要探讨角色扮演者的行为表现。比如,Zurcher(1983)将角色看作人们对占据特定社会分类的个人的行为期望。Katz 和 Kahn 在其经典论著《组织的社会心理学》中,也是从角色主体的行为视角出发将组织界定为角色的系统。然而,不少人对角色行为观产生了怀疑。他们认为,上述概念没有完全厘清角色行为的范畴。为此,乔纳森·H. 特纳指出:角色行为是否仅局限于公开的行为? 还是应当包括合适的行为或规范期望的行为? 抑或这些行为的全部? 这些争论促进了角色理论的快速发展和完善,并使得对角色的概念界定趋于共识,即认为角色是与人们的某种社会地位、身份相一致的一整套权利、义务的规范及行为模式,是构成社会群体或组织的基础。它具有三个主要特征:角色与职务有关;角色是对某一特定职务的某些期望的行为;角色来自他人的期望。

Turner(1962,1985)在对不同角色理论流派梳理的基础之上,归纳出了结构主义和互动主义两种分析视角。前者强调角色是主体对于他人提出的期望而产生的规范的服从;后者强调角色的本质就是主体从事的活动,角色并非仅是对规范的简单服从,还包括主体在与他人进行相互的适应性过程中的创造性活动。应该说,在角色内涵的具体界定上虽然有一定差异,但社会学意义上的角色主要还是指个体角色,即角色主体是某个人或某类人。

(二)角色的结构属性

尽管关于角色定义的争论从来就没有取得过一致认识,但人们普遍认为角色是与人的某种社会地位、身份相一致的一整套权利、义务的规范及行为模式,是构成社会群体或组织的基础;角色不仅是一切互动状态中参与者之间的一个永不停息的运动过程,而且是试图寻找的个体与社会的联结点。

从上述角色的定义来看,任何角色都包括六个基本的结构属性:角色扮演者、社会期待、社会关系、社会地位、权利义务和行为模式(见图2.1)。人们在分析角色特征时,往往也会根据研究意图,针对不同的结构属性展开描述。

图2.1 角色的结构属性

1. 角色扮演者

个人是角色的主体者、承担者和扮演者。社会学认为,角色主体应该是微观意义上的个人,而不是一个团体或一个组织。但是随着角色理论在其他学科领域的运用,关于团队角色、组织角色的讨论也变得非常普遍。因此,角色扮演者不再局限于微观层面上的个人,也可以指中观层面上的部门、业务单位、执行某种任务的团队，或者宏观层面上的整个组织机构。

2. 社会期待

一般认为，社会期待是群体依据个体的身份和角色所表达的希望和要求。在组织中，利益相关者会根据组织的价值标准提出相应的角色期待，而期待也通常反映在个体应当遵循的行为规则或规范上。按照计划行为学派的解释，规范会约束角色的行为意图，并最终影响到行为模式。

3. 社会关系

社会关系一般是指主体在社会结构中与他人建立的一种正式或非正式的联系。传统企业理论认为，企业既是一种正式组织，也是一种非正式组织。组织的非正式性主要体现在超越组织层级结构体现出的人与人之间的关系上。可以认为，角色的社会关系既包括与特定组织结构位置挂钩而形成的正式关系，也包括个体在组织中与他人形成的非正式关系。

4. 社会地位

社会地位是角色主体在社会关系体系中所处的位置。社会地位一方面反映了个体的声望或荣誉，同时也隐含了与地位相关的权利和义务。

5. 权利义务

义务是角色主体按照相关规定必须履行的责任，权利则是在承担义务时被赋予的某种权力。角色的权利义务与其所处的社会地位及社会关系密切相关。地位的高低往往是决定权利义务的主要因素，而社会关系特征也会对权利义务造成影响。

6. 行为模式

在长期的工作或学习中,角色主体在社会期望的规范和约束下会形成比较稳定且特有的行为方式,这些行为方式就构成了角色的行为模式。

角色的六个结构属性并非孤立存在,而是相互联系、相互制约、相互促进,并共同决定角色的整体特征。

二、角色理论

20 世纪 20—30 年代,一些学者将戏剧中的角色概念引入社会学,进而发展成为社会学的基本理论之一。角色理论将角色作为理解个人社会行为的根本,其包含的问题纷繁复杂,因而形成了众多的研究流派。

乔森纳·H. 特纳在《社会学理论的结构》一书中,将角色理论分为结构角色理论和过程角色理论。前者强调以角色在社会结构中的位置为基点,研究角色行为、角色期望、角色冲突和角色与社会的关系等内容。其代表人物包括乔治·赫伯特·米德、罗伯特·帕克、拉尔夫·林顿等。后者主要围绕互动中的角色扮演过程展开讨论。其代表人物包括符号互动论学派的赫伯特·布卢默和拉尔夫·H. 特纳。

Turner(1962,1985)将角色理论划分为结构主义流派和互动主义流派。结构主义视角强调角色是主体对他人提出的期望而产生的规范的服从;角色动力则是主体为了与规范保持一致而努力进行的角色开发。在此观点下,角色的本质就是主体从事的活动。互动主义流派倾向于将角色既看成是对规范的简单服从,也包括主体在与他人进行相互的、适应性作用过程中的创造性活动。因此,角色既具有被动反应的一面,也具有积极适应的一面。

随着研究的不断深入,人们对角色问题的认识更加全面,不断将角色理论运用于具体的组织情境中对管理问题进行探讨。本节主要针对结构角色理论和团队角色理论的核心观点进行简单梳理。

(一)结构角色理论

作为角色问题研究的流派之一,结构角色理论具有很多分支。但其核心观点主要是建立在角色是个体与社会的联结点的思想基础之上。以此为出发点,研究者们探讨了个体在社会活动过程中的角色扮演、角色期望、角色冲突和角色行为等问题。这其中比较有代表性的分别是米德和林顿的角色观。

作为符号互动论的奠基人,乔治·赫伯特·米德对角色问题研究作出了积极贡献。在其看来,角色与个体的"自我意识"密切相关,而"自我"源于社会相互作用;同时"自我"能够传递个体对角色期望的认知以及角色扮演的方式,最终左右着人们的角色扮演。此外,米德还研究了角色与情境、角色与人格、角色与价值观等关系。对于米德的贡献,特纳曾经评价说:"其影响到了整整一代美国社会学家的思想。"

在米德之后,拉尔夫·林顿也对角色问题进行了深入探讨。通过区分角色、地位和个体概念的异同,林顿对社会组织的本质和个体在其中的参与做了进一步的理论剖析,并将角色阐述为代表地位的动态方面:即当个体被分配到社会的某一地位时,他就拥有了这一地位,并与其他地位之间发生联系,而当他把组成地位的权利和义务付诸实践时,他就在扮演一种角色。表 2.1 归纳了结构角色理论的基本观点。

表 2.1 结构角色理论的基本观点

代表人物	基本观点
乔治·赫伯特·米德	角色与个体的自我意识密切相关,而象征性符号对自我意识的形成起到重要作用;角色扮演是社会互动得以进行的基本条件,个体能够控制自己的反应是角色扮演带来的直接效果;角色是个体与社会的联结点

续上表

代表人物	基本观点
罗伯特·帕克	角色与社会中的结构地位相关联,自我与在社会结构的地位范围之内扮演的角色密切相关
雅各布·莫雷诺	角色具有不同类型,身心角色是在一定文化条件下人们的基本生理需求决定的,是无意识的角色类别;心理角色是指个体按照特定的社会背景的具体期望行事;而社会角色则是个体遵从各种常规社会类别的更一般期望
拉尔夫·林顿	角色代表着地位的动态方面;个体被分配到社会的某一地位,他就必然与其他地位发生联系,而当他把组成地位的权利和义务付诸实践时,也就在进行角色扮演
罗伯特·K·默顿	角色具有潜在功能与显在功能;处于某一特定社会地位的人们之间会形成各种角色关系,因此角色的表现形式是角色集

(二)团队角色理论

团队角色理论是角色理论在组织管理中的具体应用。团队角色理论起源于对团队绩效问题进行研究,但同时也与功能性领导理论密切相关。团队绩效研究旨在探讨什么是造成高绩效团队有别于低绩效团队的原因。针对这一问题的研究表明,团队领导需要对团队成员的结构性成分,如任务角色等进行合理分配,才能提高团队的整体绩效(Hackman,2002),而团队成员所担负的任务即功能性角色的本质特征。

在社会学科之外,功能性角色被表述为事物的功能性,是对象在满足需求过程中表现出来的一种属性,这一属性与对象的结构形式密切相关。而在社会学研究中,大多数学者只是借用了这一术语的表达形式,并没有对其内涵做明确的阐释。比较而言,Benne 和 Sheats(1948)、Klopf(1981)等的观点比较有代表性。Klopf(1981)将团队成员所扮演的功能性角色划分为团队任务角色、团队关系角色和个人角色。所谓任务角色是指,成员因承担的工作任务而扮演的角色,这些角色有助于协助团队确认问题,以及为解决问题寻找方法。关系角色则是指那些能够维系团队不解散的工作方式,这些行为方式可以增强或规范团队成员的行为和思想,从而使得团队正常运作。团队个人角色主要是满足成员个人需求的行为模式。Klopf 指出,个人角色与团队工作及团队运作之间可能并不存在关系,而与个体性格特征联系紧密。

　　与 Klopf 关于团队成员功能性角色划分方法略微不同。Benne 和 Sheats(1948)将团队成员功能性角色归纳为任务需求和维持需求两类。他们指出,团队如果想要维持良好的绩效表现,任务需求和维持需求是两项重要的需求;对应这样的需求,团队成员需要承担起任务角色和关系角色(见表 2.2)。

表 2.2　Klopf 关于团队成员功能性角色的分类及其行为描述

功能性角色的分类	行为描述
创建者	创建新的目标或理念
信息收集者/给予者	针对问题讨论所需要的信息,寻求/提供充分的建议信息
阐述者	用事例或意义来阐明观点,并为选择的建议提供合理化解释
协调者	区分不同观点或建议之间的关系,从而尽力将不同观点进行整合,以协调群体内不同成员之间的活动
引导者	以目标来为群体进行定位,并为群体指明下一步目标,或者对群体正在商议的目标提出异议
评估者	依据一定标准,对建议或意见涉及的"实践性""逻辑""事实""流程"质疑和批判
活力注入者	促使群体采取行动或进行决策,并激励群体进行更好的、高质量的活动
流程技术者	为了让群体完成常规性任务而从事一些活动,如分配材料、重新安排位置等
记录者	记录群体讨论的意见或建议
鼓励者	通过采用表扬、认同和接受等不同方式来向其他成员表达对他们意见的理解,其态度让其他人感受到温暖和团结
和谐者	调和不同成员之间的差异,并竭力通过协调的方式来缓解冲突中的矛盾

续上表

功能性角色的分类	行为描述
妥协者	通过自降地位、承认错误等方式来维持群体的和谐
守护者	通过为其他参与者提供便利以保证沟通渠道的畅通
标准设定者	为群体设定应该达到的目标的标准,或者运用标准来评价群体发展的质量
评述者	记录群体发展过程中的各类现象,并将其作为群体评价自身流程时的依据
追随者	多少有些被动地接受他人的意见,在讨论中充当观众

团队角色理论认为,角色类别并非固定不变或停滞不前,相反会随着群体发展不断发生着变化;同时对于群体发展与群体绩效而言,任务角色与关系角色的"最佳"组合形式并不唯一,但需要与群体自身的特性(如群体发展阶段)相匹配。换言之,尽管团队角色的分类形式比较稳定,但在具体角色构成上却存在差异。

第二节　人力资源管理角色相关研究

社会学领域中的角色主要针对个体,但组织管理研究中的角色一词,其内涵和外延都得到了拓展,不仅可以用来指个人,如管理者角色、企业家角色等,也被广泛运用到中观和宏观层面,如人力资源管理部门的角色、业务部门的人力资源管理角色、组织的战略角色等。从本质上讲,人力资源管理角色是对角色概念的应用与延伸,是在管理学、经济学等不同学科领域下人们对人力资源管理职能价值的思考。

一、人力资源管理角色

人力资源管理角色研究萌芽于 20 世纪 70 年代,在 80 年代得到发展,90 年代则实现了战略性转变,并成为 21 世纪战略人力资源管理研究的一个重要主题。作为一个新的研究领域,人力资源管理角色概念的内涵和外延并没有得到充分认识。不少学者将人力资源管理角色、人力资源部门角色、人力资源管理专业人员角色、人力资源管理职能角色等术语交替使用,造成了概念之间的混淆,妨碍了人们对人力资源角色问题的交流探究。造成这一现象的原因部分源自人力资源管理学科缺乏自有理论,在阐述相关问题时多需借助心理学、社会学、经济学和战略管理等学科知识。因此,厘清不同术语之间的差异对于深化人力资源管理角色研究具有重要意义。

韦伯(Weber)是较早论述人力资源管理角色的学者之一。在论及官僚组织结构典型特征时,韦伯对组织内部人力资源管理专业人员的权利进行了探讨。他认为组织之所以任命专门的人力资源管理者来承担诸如人员任命、员工指导、富余人员安置等任务,原则上是基于他们具备的经验和资格,这使得他们能够胜任工作描述所要求完成的任务。人力资源管理者正是通过在管理层级中的正式角色完成其组织任务(Weber,1922)。

韦伯的研究开启了人们对人力资源管理角色的探索之路,也为后续研究提供了分析逻辑:一方面,人力资源管理职能角色需要重点考量组织层面的特征,如组织结构形态、管理层级状况、工作任务特点和职责权利和义务等。这些组织变量都将成为限制或促进人力资源管理职能角色的关键要素(Henders,1992;Easton,1992);另一方面,人力资源管理者的角色则需要从个体层面进行剖析。例如,经验、能力、素质和价值观等对角色扮演效果的影响如图 2.2 所示。事实上,人力资源管理职能角色与人力资源管理者角色并不割裂,而是相互依存。可以说,前者决定了后者的基本形式,后者反映了前者的内在特征。

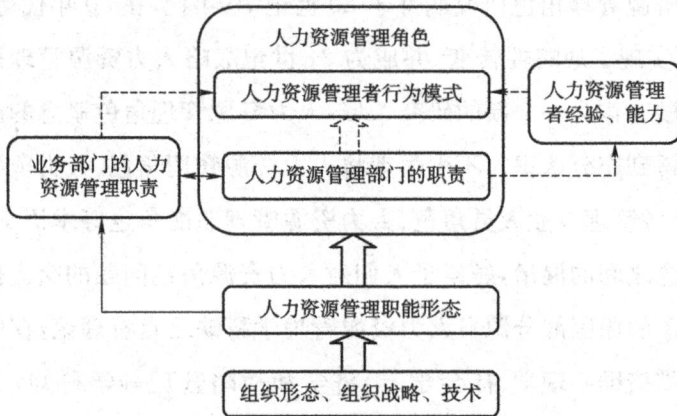

图 2.2　结构主义理论下人力资源管理角色的形成过程

韦伯对人力资源管理角色进行的开创性研究还充分体现了人力资源管理角色的多重特征(即人力资源管理角色并不是单一的,而是由不同具体的子角色构成的角色系统)。在一定程度上,韦伯的观点吻合结构主义角色理论隐含的功能决定角色的假设。但从严格意义上讲,韦伯的论述主要是刻画了人力资源管理角色的特征,但并未对人力资源管理角色给予明确的概念界定。

20 世纪 80 年代之后,人力资源管理开始出现分权化趋势,由业务部门承担常规性人力资源管理事务的现象日益普遍(Pawan,2000;Jacob,1992)。业务管理者与人力资源管理者如何分配人力资源管理责任导致人力资源管理者面临新的角色困境,即人力资源管理者如何才能体现自身价值、人力资源管理者应当如何协调或配合业务部门完成人力资源管理任务……这些问题的出现深化了人们对人力资源管理角色的认知,并逐渐成为战略人力资源管理研究的一个重要议题。Truss(2009)认为,当涉及单一(一个)组织的人力资源管理功能角色时,通常是指承担这一功能的人员在日常工作总体层面上的活动,以及对任职于组织结构内这一特定职位的人员的行为模式的期望。Katrina(2010)强调通过分析人力资源管理者日常的工作(活动)、经历和关系层面来界定人力资源管理角色。高中华等人(2009)将人力资源管理角色概念总结为人们对人力资源部门及人员赋予的一种期望,主要研究目的是揭示人力资源部门以及人员在协助组织实现战略目标、创造价值并实现自己部门价值的过程中所遵循的行为模式、发挥的作用以及作用机制。

人力资源管理角色是一个跨层面的概念(个体层面、群体层面、组织层面),又因研究对象(人力资源管理者、业务部门管理者)和研究主题(角色冲突、角色模糊、角色转变等)不同而存在内涵和外延上的差异(见表2.3)。比如,Tusi(1987),Dyer(1993),Barney 和 Wright(1998)以及 Ulrich(1998,2001)的研究多采用人力资源管理者角色这一表述,而 Schuler(1990),Beer(1997),Beatty(1997)等人则采用人力资源管理功能角色的表达方式。一般而言,人力资源管理角色的内涵主要包括两层含义:

(1)它代指人力资源管理的功能性角色,反映了由人力资源管理职能承担的任务内容,以及由此体现出的人力资源管理职能在组织中的地位、关系和作用。

(2)它代指人力资源管理者的角色,反映了从事相关人力资源管理职能活动的个人(既可以是人力资源管理专业人员,也可以是公司业务部门的管理者,还可能是组织之外第三方服务机构人员)在具体工作中表现出的一套行为模式。前一内涵主要反映人力资源管理部门的基本理念;后一内涵则主要反映了人力资源管理者的行为特征。

表 2.3　人力资源管理角色概念内涵

概　念	人力资源管理角色	
研究层面	组织层面	个体层面
研究对象	人力资源管理职能	人力资源管理者
研究主题	人力资源管理部门的角色	人力资源管理人员的角色、业务管理者的人力资源管理角色
相关研究问题	组织结构创新对人力资源管理职能形态的影响；人力资源管理职能配置方式对人力资源管理部门在组织中地位、身份的影响；人力资源管理集权与分权模式下的人力资源管理有效性；人力资源管理业务外包对人力资源管理部门工作方式及效能的影响等	特定情境下人力资源管理者的行为模式；人力资源管理者的角色技能及其工作绩效关系；职能管理者的人力资源管理角色问题等
研究的理论视角	交易费用理论、新制度主义、资源基础观、社会交换理论、组织柔性理论、角色理论、谈判演化理论、角色选择理论等	

　　鉴于人力资源管理职能角色与人力资源管理者角色并不完全等同，并不刻意区分两者在内涵上的差异，而统一采用人力资源管理角色这一术语进行表述。但同时将主要针对人力资源管理的职能角色展开探讨，即立足于组织层面探究人力资源管理职能角色的特征属性，剖析人力资源管理职能角色的发展动因与内在机理，探讨我国企业人力资源管理职能角色的发展现状。

　　基于以上论述，将人力资源管理角色概念表述为：在组织战略目标实现与价值创造过程中，由企业人力资源管理部门或人力资源管理人员遵循的行为规范、社会期望和组织地位，以及由此发挥的具体作用。在具体的组织情境下，人力资源管理角色既可能体现为人力资源管理专业人员的角色，也可能体现为业务管理者的人力资源管理角色，还可能泛指人力资源管理职能的角色。

二、人力资源管理角色研究的理论基础

兴起于 20 世纪 70 年代的人力资源管理角色研究在经历了 80 年代发展期、90 年代快速成长期后,进入了 21 世纪的多元化繁荣期。由于这一研究现象的复杂性与调查内容的多样性,导致研究者无法采用单一理论框架来解释所有问题,既有研究呈现出纷繁复杂的景象。Brand 和 Pohler (2010)总结了研究中最常见的几种理论基础,分别是新制度主义理论、战略选择理论、谈判演化理论和协同演化理论。

(一)新制度主义

进入 21 世纪,商业环境变化、科学技术发展、组织结构形式变革使任何组织都无法保持一成不变的状态,对环境变化做出快速回应成为企业生存与发展面对的首要问题,也成为促使人力资源管理职能不断调整和发展的重要原因。借助新制度主义理论观点,研究者分析了制度环境对人力资源管理职能角色的影响。

Dimaggio 和 Powell(1983)提出的新制度主义理论是研究人力资源管理角色转变的重要理论来源。在新制度主义的一般框架中,为了生存和获得合法性,组织受到强制性、模仿性和规范性压力的影响而对某些行为、流程持共享性期望与认识,并最终表现为组织形式上的同形异构(Dimaggio and Powell,1983;Truss,2009)。对此,Jacoby(1985),Jennings 等人(1995)分析了劳动力市场强度、法律法规和工会、组织集中度等因素对人力资源管理角色转变带来的影响。

也有一些学者从合法性需求出发,分析了制度因素对人力资源管理角色选择的作用。这一流派研究者认为,为了表现出对某些社会共享价值观

和信仰的忠诚,组织在其内部人力资源职能结构设置与管理模式选择等方面会有意进行模仿性同构,以此获得组织的合法性地位(Dimaggio 和 Powell,1983)。相关研究也证实,传统的美国公共管理部门一般比较强调成本责任,普遍倾向于雇佣有资质的专业人员和为组织配置高端的信息技术。但这些举措并非希望为组织带来生产效率上的提升,而是组织管理者希望借此向其利益相关者或其他组织传递信息——组织正在向战略化阶段转变,以此让其他组织认同其合法性特征。

制度因素也会通过组织内因间接影响到人力资源管理角色转变的方向和进程。例如,组织内外的专业人员会通过培训或系统性评估等方式影响管理者的决策假设,迫使组织服从于专业领域内盛行的某些制度安排(Ian,2010)。Rainnie(1989)的一项实证分析指出,采购商组织在人力资源管理方面的决策方式及管理模式直接影响供应商组织的雇佣方式及其结果。

对于新制度主义在人力资源管理角色问题方面提供的解释力,大部分学者给予了积极评价。但是新制度主义侧重于从外因分析人力资源管理角色的范式无法细致刻画出不同组织人力资源管理角色发展与演化的差异,以及背后的根源。

(二)战略选择和谈判演化理论

与新制度主义理论的解释不同,相当一部分研究者主张从企业内部分析人力资源管理职能角色转变的机理。这一导向促使研究者开始采用战略选择和谈判演化理论。这两个理论都认为人力资源管理角色是策略选择的产物;只是前者更强调组织战略对人力资源管理角色形成与发展的影响;而后者更关注人力资源管理部门及其管理者在进行角色选择时的一些策略行为。例如,人力资源管理部门会通过象征性行动与政治策略的方式来增强其在组织中的权威和可信度,进而对业务管理者在人力资源管理角色上的感知带来影响。

20世纪30年代中后期,市场管制减少、竞争的加剧和生产效率的压力迫使雇主将更多的注意力放在员工身上,并寄希望以此实现对产品质量和服务需求的满足(Cunningham和Hyman,1999)。同时,由于组织层级削减、结构重组、裁员和对竞争优势的不断关注,企业战略管理方式发生了很大的转变。在不同战略模式下人力资源管理职能配置方式(集权或分权)也经历了阶段性的发展变化,并推动了人力资源管理从传统角色向战略性角色发生改变(Cunningham和Hyman,1999;Gibb,2003;Renwick,2000)。

在集权式人力资源管理模式下——设立单独的人事管理职位和任命专门的人力资源管理人员来承担员工管理任务是组织的典型特征之一。这一特征模式潜在地削弱了业务管理者的职能角色,却为人力资源管理者提升其组织地位提供了机会(Tyson,1987;Legge,1988;Clark和Winchester,1994)。Millward等人(1992)的研究显示,随着组织在员工关系管理上的改革,人事管理在组织中的地位和身份有了稳定的提高,并成为行政事务和员工关系的管理者。然而,伴随竞争环境的激烈变化,在回应环境需求方面集权式人力资源管理模式表现出缓慢和无效。20世纪80年代后期,一些欧美企业将人力资源管理事务向业务管理者授权的新现象引发了众多争论(Gennard和Kelly,1997;Hall和Torrington,1998;Larsen和Brewter,2003),人们纷纷探讨分权化人力资源管理模式给人力资源管理职能及其从业人员带来的影响。Jacob(1992)的一项针对欧洲十国企业的研究发现,在1985年至1990年期间,约58.7%的欧洲企业开始将人力资源管理职能向业务部门下放;而到了1990年至1995年期间,这一比例上升到了66.7%。丹麦和瑞士被认为是分权化最彻底的两个国家。这两个国家的企业多数已经将招聘甄选、薪酬管理、培训开发、员工关系管理、健康与保健、人力资源规划职能下放给了业务部门。几乎同一时期,Brewster等人(1992)也对欧洲各国人力资源管理模式及其角色关系展开了讨论。他们发现：雇员人数在 200 人以上的欧洲企业倾向于采取集中制定人力资源管理政策，由业务部门与人力资源管理部门共同承担人力资源管理事务。但在这一管理模式下欧洲各国人力资源管理者在组织中扮演的角色却略有差异。例如，法国人力资源管理人员主要扮演顾问角色；西班牙人力资源管理人员仍然从事的是一般性事务，其管理角色的层次偏低。尽管针对人力资源管理职能配置方式（集权或分权）与人力资源管理角色关系的结论并不统一，但相关研究还是显示出分权化人力资源管理模式对人力资源管理职能角色转变的推动作用（Jacob，1992；Pawan，2000）。研究者普遍认为：分权方式虽然使组织减少了人力资源管理专业人员的配备数量，但并未降低对人力资源管理职能的要求。现实的矛盾不仅促使人力资源管理部门寻求新的转变，同时也使得培养业务管理者在人力资源管理事务方面的能力迫在眉睫。英国特许人事发展协会（chartered institute of personnel and development，CIPD）报告（2003）如此评价一线业务管理人员在人事管理中的角色——由业务管理者传递（服务）的人力资源实践被认为是需要大力改善的一个领域。Larsen 和 Brewster（2003）也认为，开发人力资源战略伙伴关系的一个根本要素即是业务管理者和人力资源管理者需要对各自承担的人力资源事务达成一致认识。由此可见，伴随人力资源管理职能分权而产生的人力资源管理责任分配问题成为影响人力资源管理角色转变的关键条件。

从一定意义上看，战略选择与谈判演化理论可解释人力资源管理角色转变的机理和过程，是对新制度主义理论的有益补充。它们都强调了人力资源管理的策略选择与组织宏观层面约束间的交互演化过程及结果（Truss，2002，2009；Paauwe，2005；Colbert，2004）。

（三）资源基础观和组织动态能力理论

西方学者在战略管理与产业组织经济学基础上构建的资源基础观也是

分析人力资源管理角色问题的主要理论来源。

受彭罗斯等人企业核心优势来源思想的启发，Wernerfelt(1984)首次系统阐述了企业资源基础观。随后，Prahalad 和 Hamel(1990)将之发展为新的战略分析框架。尽管自诞生之日起资源基础观就饱受语义问题的诟病，却并不影响研究者对它倾注热情，特别是随着它在各管理分支学科的运用，越发显示出其理论生命力。战略人力资源管理理论也正是凭借其核心理论假设①寻找到了证明人力资源管理职能具备战略性价值的理论基础。

此后，在实践研究层面上，Cappelli 和 Singh(1992)运用资源基础观从三个方面解释了人力资源在组织战略制定与实施中的特殊意义。Lado 和 Wilson(1994)通过分析人力资源管理系统在四种组织胜任力形成过程中的作用，探讨了在构建组织竞争优势中人力资源管理系统的不同角色。借助资源基础观，Barney 和 Wright(1998)从价值性、稀缺性、模仿性和组织四个维度构建了著名的分析人力资源管理角色特征的 VRIO 框架模型。随后，绝大多数学者选择将资源基础观作为分析人力资源管理角色的逻辑范式(Schuler,1990；Carroll,1991；Storey,1992)。

但是资源基础观无法合理解释企业在竞争优势发展过程中的动态性和复杂性，后续研究者加快了理论创新的步伐。1994 年 Teece 和 Pisano 首次提出了动态能力概念，随后以追求迅速进行资源整合来获得企业竞争优势的动态能力理论发展起来。动态能力理论强调将能力与资源有效区分——能力是组织在使用资源，尤其是整合、重构、获取和放弃资源的过程中具备的对复

_____

① 资源基础观认为，企业是不同资源的集合体；企业所拥有的稀缺的、不可复制的、难以模仿的、不可取代的资源或能力是其获得持续竞争优势的主要来源。

杂市场环境的适应性。这成为人们重新评价企业竞争优势来源的新标准。

这一新标准的提出为研究者阐述人力资源管理的战略性角色注入了新的思想。例如,McCathy,Garavan 和 Toole(2003)分析了在组织边界与界面管理中,人力资源开发通过扮演四种角色(领导胜任力的开发者、战略与结构的塑造者、提供便利和创造的干预者、跨界管理者)对知识数据库与知识交换网络作出贡献。

从理论层面来看,资源基础观与组织动态能力理论为揭示人力资源管理职能角色提供了新来源(见表 2.4),丰富了人们对人力资源管理新角色的认同。

表 2.4　资源基础观与组织动态能力理论对人力资源管理角色研究的贡献

理论视角	核心观点	理论贡献
资源基础观	特殊性资源和能力是组织持续竞争优势的来源	通过论证人力资源符合企业资源观理论提出的四项标准说明了人力资源的重要性以及人力资源管理在组织中的核心地位
组织动态能力理论	对资源进行快速整合、重构、获取和扬弃而具备的能力是组织在复杂环境下维持竞争优势的来源	人力资源管理对组织知识的获取、整合和重构具有关键作用,是组织动态能力的重要构成。 人力资源管理作为复杂适应系统所具有的隐蔽性、难以复制性和整体性等特征表明了它的重要地位

(四)协同演化理论

不同于从单一层面因素分析人力资源管理角色问题,协同演化强调从不同层面因素(宏观、中观和微观)出发,整合性地分析各种因素之间的交互作用,及其对人力资源管理角色形成与发展带来的影响。协同演化理论体现了整体分析视角的特征,是一种权变思想。在具体的分析过程中,因研究者选择的变量及研究路径差异,基于协同演化理论的研究成果呈现出高度离散。

协同演化理论的主要贡献在于:它克服了从单一视角分析人力资源管

理角色可能存在的弊端,能够更加全面和权变地看待人力资源管理角色发展的差异性,对人力资源管理角色演化的偶然性与必然性做出了更为合理的解释。

三、人力资源管理角色类别的相关研究

在人力资源管理角色研究问题中,针对人力资源管理角色类别的分析较为充分。研究者主要采用静态研究范式,围绕人力资源管理部门及管理者在价值创造与目标完成过程中扮演的角色类型展开讨论。

20世纪70年代初期,一些学者注意到:与其他组织职能相比,人力资源管理在组织价值创造中的贡献并不显著。组织中人力资源管理人员地位尴尬、角色模糊以及权力困扰等问题普遍存在,人力资源管理遭遇前所未有的信任危机(Stroey,1992;Kellly和Gennard,2007)。为了寻求对这一现象的合理解释,研究者开始针对人力资源管理角色的类别进行探讨。

一些学者建议按照人力资源管理工作的本质,以及组织职能间的关系对人力资源管理角色进行分类,然而人们仍然对这一问题无法达成普遍共识(Pritchard,2010)。回顾人力资源管理角色类别的探索历程,人力资源管理角色类别的界定与人力资源管理职能关系相对明晰。当然,人们在具体角色的概念表述与内涵解释上还存在高度不一致(Dirk和Ans,2001)。

Tusi(1984)首先从多重利益相关者视角阐述了从人事管理向人力资源管理转变趋势下,人力资源管理人员扮演的新角色。Tusi把这些角色命名为各级客户(高层、直线经理、员工)需求的满足者、为相关群体提供传统服务的行政者以及顾问角色。Kochan和Dyer(1993)批判了服务传递者角色,认为该角色仍然是一种被动的、反应性的行为模式,但从理论研究与实践指导来看,以顾客为导向、强调增加附加价值,主张从传统行政管理角色

向服务传递者角色转变的观点,不仅契合了当时市场对人力资源管理的诉求,而且为人力资源管理角色转型指明了方向。

与 Tusi 的研究几乎同步,Tyson 和 Fell(1986)以智力程度的高低为维度,提出了人力资源管理角色连续体模型(见图 2.3)。Tyson 和 Fell 认为,组织人力资源管理的角色可以通过一条自左向右的连续体来表示。连续体的最左端是"雇员"角色,它反映了在工作中人力资源管理人员运用智力的程度最低。而代表最高智力程度的则是处于连续体最右端的"建筑师"角色。"契约管理者"角色位于"雇员"和"建筑师"角色之间。而对于智力程度高低的衡量,Tyson 和 Fell 认为主要取决于高层管理决策方式、人力资源活动的计划范畴、人力资源专员的专业程度及人力资源人员参与组织文化创建的卷入程度这四个参数。相比于 Tusi 的研究,Tyson 和 Fell 的理论模型不仅刻画了人力资源管理角色的不同类型,而且具体分析了影响人力资源管理角色的相关因素。尽管这一角色分类仍然存在若干问题,但经受住了时间的考验(Raymond,2001)。

低智力 (low discretion) ———————————— 高智力 (high discretion)

工作人员 (clerk of work) —— 契约管理者 (contracts manager) —— 建筑师 (architect)

图 2.3　人力资源管理角色连续体模型

20 世纪 80 年代后期,受战略管理思想由外生论向内生论转变的影响,研究者开始从组织战略管理过程视角剖析人力资源管理角色类别。Dyer 和 Holder(1988)提出了帮助组织界定战略需求和满足战略需求,成为组织"战略伙伴"的观点;并认为战略伙伴角色是人力资源管理者在新环境下的关键角色。Wiley(1992)阐述了人力资源管理角色在战略层面、法律层面和运营层面的不同表现。在战略层面上,人力资源管理者主要承担顾问、评价

者、诊断者、变革代理、战略促进者、业务伙伴、成本管理者等角色；法律层面
上的角色则表现为顾问、审计师、法律推动者、调解人；在运营层面需要成为
顾问、变革代理者、消防员、员工支持者以及政策制定者。Schuler(1990)分
析了在技术变革加速等背景下越来越多的组织将人力资源管理职能向业务
部门转移的普遍趋势，以及人力资源管理者面临重新定位自身角色以避免
被动消亡的迫切性。他认为人力资源管理人员需要从"专业的个人贡献者"
向"人力资源问题的领导者"转变，并力争成为"管理团队的参与者"。为此，
人力资源管理者需要扮演业务人员、变革塑造者、组织咨询师/业务部门伙
伴、战略规划与执行师、人才管理者、资产管理者以及成本控制者等具体角
色。同时，Schuler 还对人力资源管理者在平衡新、旧角色时可能出现的角
色冲突等问题进行了探讨，他认为能否处理好传统角色与新角色间的平衡
将是角色转换的一项关键挑战。

尽管 Dyer，Holder 和 Schuler 开创性地将人力资源管理从服务型角色
向战略伙伴角色推进了一步，拓展了人力资源管理角色的内涵，但就其研究
深度而言，基本上还停留在将人力资源管理与组织战略简单衔接，并未从理
论高度对人力资源管理战略角色进行系统挖掘。突破出现在 20 世纪 90 年
代，基于资源基础观与组织动态能力管理理论，部分学者（Wiley，1992；
Ulrich 和 Lake，1990；Wright P. M 和 McMahan G. C，1992）剖析了人力资
源管理参与组织战略决策制定、推动战略实施与参与组织变革等的作用，并
将其作为人力资源管理战略伙伴角色的根本特征。

通过对 15 家英国公司与公共服务部门的案例研究，Storey(1992)以人
力资源管理的战略性整合为分析基点，依据战略性—策略性和干预性—非
干预性维度对人力资源管理风格和角色类型进行了划分（见图 2.4），针
对人力资源管理角色与组织战略、人力资源战略间的关系进行了更加明
确的阐述。

干预性（interventionary）

变革者　　　　　　监督者
(changemakers)　　 (regulators)

战略性　←──────────┼──────────→　策略性
（strategic）　　　　　　　　　　　　　（tactical）

建议者　　　　　　仆人
（advisers）　　　 （handmaidens）

非干预性（non-interventionary）

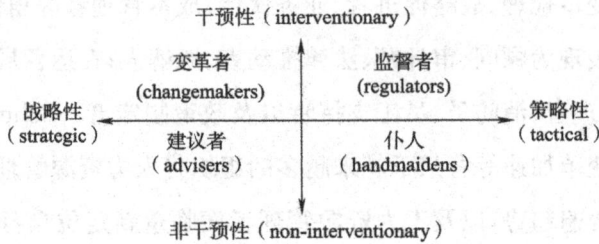

图 2.4　人力资源管理角色分类模型

　　不同于从理论层面对人力资源管理角色进行分类，Ulrich(1997)以一种更为实践的眼光阐释了人力资源管理功能的价值及人力资源管理的角色类型（Caldwell，2001），其研究成果成为人力资源管理角色分类的典型代表，获得了最为广泛的共识。Ulrich 主张从组织贡献而非功能性活动内容来思考人力资源管理的价值。换言之，人力资源管理的功能价值不应该看它做了些什么，而是要考虑使用者或顾客从它那里获得了什么，抑或它向利益相关者提供了什么。基于这一思想，Ulrich构建了分析人力资源功能附加价值大小的框架模型（见图 2.5），探讨了不同区域中人力资源管理专业人员扮演的四种角色。Ulrich 认为，战略伙伴是最能体现人力资源管理附加价值的角色，其实现方式主要通过参与组织战略决策与推动战略实施得以实现。此后，Ulrich 和其合作伙伴继续针对人力资源管理角色的类别进行了拓展，采用战略参与者这一新的称谓取代了战略伙伴的说法，以此凸显人力资源管理不仅需要成为战略管理团队中的一员，而且必须参与战略决策过程，为组织作出战略贡献的观点。但后续研究者仍然习惯沿用战略伙伴变革代理人员工发言人行政管理专家的分类。

　　Storey 和 Ulrich 等人的研究促使高度离散的人力资源管理角色分类基本得到统一，但却存在研究缺陷（见表 2.5）。

长期(long-term)

战略伙伴 变革代理人
（strategic partner） （change agent）

流程 人员
(processes) (people)

行政管理专家 员工发言人
（administrative expert） （employee champion）

短期 （short-term）

图 2.5 Ulrich 人力资源管理角色模型

表 2.5 人力资源管理角色分类研究的比较

主要研究者	人力资源管理角色	研究贡献	研究缺陷
Tusi(1987)	客户需求的满足者、行政服务人员、顾问	首次提出了"以顾客为导向"成为"服务传递者"的观点,对人力资源管理角色与人事管理角色进行了区分	从本质上讲,服务传递者的观点仍然反映的是一种被动的、反应式的行为模式。研究方式主要是一种理论推导
Tyson 和 Fell (1986)	雇员、契约管理者、建筑师	将不同角色表述为连续体形式,并采用"智力程度"作为划分角色的标准	各角色的边界比较模糊,无法准确界定角色内涵
Storey(1992)	变革者、建议者、监督者、仆人	明确将人力资源管理角色分类与组织战略、人力资源管理战略挂钩,且准确地界定了变革者概念	研究以英国公共部门和企业为主,研究结论的普适性遭到质疑
Ulrich 等 (1997,2001)	战略伙伴、变革代理人、员工代言人、行政管理专家	首次明确地对战略性角色与行政管理角色进行了区分,成为最具共识性的人力资源管理角色分类	角色分类高度抽象,对人力资源管理角色的复杂性缺乏必要论述,研究是以美国情景为背景,结论的普适性有待检验
Schuler(1990)	业务人员、变革塑造者、组织咨询师/直线部门伙伴、战略规划师、人才管理者	首次从组织贡献视角对人力资源管理角色进行了分层,并阐述了新、旧角色转变的平衡	缺乏对具体角色内涵的比较,且研究以理论推导为主,缺乏实证性论据的佐证

（1）这类研究多是在理论基础上进行的推演性分析。高度抽象的角色表述无法反映出人力资源管理在组织中的真实状况和复杂性（Buckingham

和 Vossburgh,2001;Pritchard,2010)。Pritchard 注意到,处于不同组织层级上的人力资源管理实践者对自身角色的理解存在明显的差异。

(2)多数研究是以美国或英国情景为主,无法对其他国家情境下人力资源管理的角色分类提供合理性解释(Monks,1992;Carroll,1991;Farndale和 Paauwe,2007)。例如,在欧洲的某些国家,当雇员人数超过 200 人时,组织多是集体制定人力资源管理政策,但其人力资源管理任务的完成则是由业务部门与人力资源管理部门共同承担。这就造成人力资源管理部门的某些角色会受到限制(Brewster,1992)。在法国,企业人力资源管理职能主要承担建议性角色;在西班牙和意大利,尽管人力资源管理人员在董事会占有一席之地,但人力资源管理与其他职能业务的整合程度低,大多情况下无法达到战略性角色的程度(Bournois,1992;Fiella,1992)。

(3)这些研究主要侧重对角色类别的一般性划分。对角色内涵和角色关系的厘定有限,造成角色描述不清、角色称谓随意等情况。对此,英美国家外的一些学者开始以所在国家为研究情景,对既有分类模型进行验证、修正和拓展。

四、人力资源管理角色发展的相关研究

在人力资源管理角色分类研究取得丰硕成果的同时,围绕从传统行政管理角色向战略伙伴角色转变延伸出一个新领域——人力资源管理角色发展研究。作为与人力资源管理角色分类研究紧密相连的分支领域,人力资源管理角色发展研究更加多元化。

(1)围绕角色定位、角色形成、角色发展的动因、机理与效果等不同议题的讨论层出不穷。

(2)在研究方法上,人力资源管理角色发展研究摆脱了单纯依赖理论推

演的研究范式,更关注将实证分析与理论推导相结合。

(3)对交叉学科理论的借鉴与批判成为不断推动人力资源角色发展研究进程的原动力。

可以说,人力资源管理角色发展研究极大地丰富了人们对战略人力资源管理的认识,也为重新审视人力资源管理角色类别注入了新的活力。

由于无法通过静态的分析范式阐释人力资源管理角色发展问题,因此多数研究者采用了动态分析的方法。但人力资源管理角色发展研究起步较晚,其研究成果略显匮乏。总体来看,中观层面与微观层面的因素(如组织战略、组织结构、技术变革)都获得了比较充分的探讨。比较普遍的看法是,人力资源管理角色发展首先与外部服务商角色之间存在互动关系。人力资源服务提供商的获得程度及其服务水平关系到组织配置人力资源管理职能的方式,进而影响到人力资源管理的角色定位和角色发展。IRS(1998)的研究显示,如果依循人力资源战略伙伴模型的条件对人力资源管理职能进行重构,组织势必需要将更多的运营责任外包给外部供应商来完成。1992年,荷兰企业中已有27%的企业在诸如招聘甄选、培训开发、工作评价和薪酬管理等传统人力资源管理事务方面,寻求通过外部供应商而非内部人力资源来解决问题,为此支付了高达数百万荷兰盾的费用(Jacob,1992)。Caldwell(2003)从理论上进一步分析了人力资源管理不同角色之间可能存在的挤压效应——关注战略性卷入的努力往往是以忽视对员工的关注这一代价来实现的。为了避免顾此失彼现象的产生,人力资源管理部门需要将一些业务外包给专业化机构来解决。类似的研究都说明组织人力资源管理业务外包对人力资源管理职能角色的调整和发展具有驱动效应。

此外,CEO对人力资源管理的态度、组织技术特征、人力资源管理人员任职期限等也是影响人力资源管理角色发展的关键要素。Ulrich就曾指出,不管人力资源管理者如何定位商业伙伴角色,能否实现这一角色很大程度上还需要得到高层管理者,尤其是 CEO 的准许。而 Julia(1993)针对组织技术特征与人力资源管理职能角色之间的关系探讨发现,技术运用一方面为人力资源管理者减少了工作时间和精力投入,促进人力资源管理职能角色转型;另一方面通过信息技术和共享服务可以将业务与组织战略整合,进而推动人力资源管理向战略伙伴角色升级。但 Nicholas 和 Alan(1996)的一份研究却显示,采用信息技术的组织之所以会降低对人力资源专业人员建议提供者角色的需求,主要是因为有了信息系统的帮助,业务管理者无须借助人力资源管理者的知识就能制定良好的人力资源管理决策。尽管 Julia 和 Nicholas 在推理方式上存在差异,但他们都肯定了信息技术与人力资源管理职能角色之间的必然联系。Broderick 和 Boudreau 则检验了人力资源信息系统(human resources information, HRIS)对人力资源管理角色提供帮助的三种途径,即成本削减、服务提升和变革。其中,成本削减是指通过将常规性任务自动化和实现规模效应的方式使得人力资源能够提供成本更低的行政性服务;服务提升则是人力资源管理部门通过改变已有的工作方式和将人力资源管理事务授权给职能管理者来对顾客需求做出及时反应,从而扮演内部权力中间人角色;最后,通过新方法、新技术和服务开发人力资源可以实现其变革性角色。对于人力资源管理人员的任职期限与其角色关系,Truss(2009)进行了实证性调研。研究发现:任期不足 3 年很有可能削弱人力资源管理人员执行组织战略的完整性,不利于其战略性角色的扮演。

综上可知,不论是外部环境中的制度约束,还是组织内部人力资源管理职能配置方式,抑或 CEO 对人力资源管理的态度、组织技术特征和人力资源管理人员任职期限都可能影响组织人力资源管理职能的角色的类型及其发展路径。

第三节　跨组织边界的相关研究

自 20 世纪 80 年代以来,由于信息技术发展和世界经济环境变化,全球范围内不同组织之间的合作日趋频繁。组织间关系的形成导致了组织边界的日趋模糊和相互渗透,跨组织边界人力资源管理业务形态成为人力资源管理研究的热点。

一、组织边界、组织间关系与跨组织边界

组织边界研究是组织理论的一个重要领域,它关系到组织活动的效率及组织成长。组织边界概念最早出现在威廉姆森《资本主义经济制度》一书中,主要是指架构于交易理论分析基础上的企业规模边界。当组织的职能活动不再局限于自身边界之内,而是渗透到其他组织内部时,不同组织之间就形成了组织间关系。组织间关系反映出组织在边界治理中的态度。

(一)组织边界

从词源看,边界包含了两层含义:其一,边界是依据某种属性差异来界定事物之间的区别,即它将两个系统从质的方面区别开来;其二,边界是属性向外部(内部)拓展的基点,因此边界又将两个系统联系起来,形成了系统之间的渗透。由此可以认为:边界本身既是静态的也是动态的。

1937 年,科斯发表了《企业的性质》一文,并使用交易成本框架对企业

的本质和企业边界进行了阐释。科斯认为,企业作为"看得见的手",通过权威(命令)机制来协调经济活动的交易和进行组织分工;市场则作为"看不见的手",通过价格机制来对各种交易形式产生影响。企业和市场相互对立,彼此都有相对明晰的边界,而交易成本的高低成为决定企业和市场边界的关键要素。当企业组织生产的成本高于市场交易成本时,企业边界将有缩小的趋势;反之则有扩大化的趋势。科斯的观点暗含了市场与企业之间的界面是清晰的,企业的边界也是确定的。因此,在新制度主义理论中,组织边界被描述为一个组织终止的地方和该组织所处的环境开始的地方。换言之,边界是一种显性或潜在的机制,它使得两个异质空间之间的流动变得规范和简单,并使之可见。

科斯之后,威廉姆森从交易的技术结构和体制组织的效率关系层面入手,以交易的不确定性、交易频率和资产专用性三个维度为基础,重新分析了企业的本质。威廉姆森发现:在纯市场和企业(准科层制)两极之间还存在"混合"制度形式,抑或交易的治理结构。自此,组织边界是模糊的和可变的观点引起了人们的关注。

不同于新制度主义理论从交易成本角度来分析组织边界,演化经济学主张从内生性对企业成长规模进行探讨。彭罗斯将组织看成是一系列资源的集合体,通过知识的积累企业可以获得成长。普拉哈拉德(Prahalad)和汉默尔(Hamel)则认为:企业建立在核心能力基础之上,随着竞争的不断演化,企业的核心能力随之发生变化,因而企业的边界也发生了改变。

综上,组织边界具有多重含义(见表2.6)。规模边界主要是指由地理空间决定的企业规模的大小。能力边界则是指由企业核心能力决定的企业整合资源的能力大小。

表 2.6　组织边界概念的不同阐释

理论学派	组织边界的基本内涵	边界类型
古典经济学派	企业边界就是长期生产成本曲线的最低点	规模边界
新制度经济学	交易成本的最低点形成了企业的边界	规模边界
演化经济学	企业边界是动态的,是组织不断认知和学习的过程中因为知识的学习和传播的路径依赖造成的历史结果,不同经济主体的实践和认识之间存在的不可调和的差异决定了企业边界的位置	规模边界
企业资源理论	边界是企业可获得并加以运用的资源的可能性	能力边界
企业动态能力理论	组织边界是核心能力差别的体现	能力边界

(二)组织间关系

组织间关系这一概念的产生于威廉姆森对市场与企业关系的讨论,不仅与组织边界概念高度关联,而且与跨组织边界概念极易混淆(Shipp 和 Cravens,1993;Lambert,Emmelhainz 和 Gardner,1996)。早期组织间关系概念范畴涵盖了"企业—市场"二分法下企业与企业之间的竞争、对抗关系。随着组织间合作与协作的蓬勃发展,组织间关系概念的内涵开始缩紧,主要是指那些为了实现组织绩效提升,与其他组织形成的共享或交换资源的合作型关系类别。组织间关系是企业为了更好地应对环境变化和实现战略目标,通过任务外包、职能外包和战略联盟等多种途径与外部组织之间构建的基于信任与承诺的联结。

(三)跨组织边界

跨组织边界并不是一个专属性的概念,而是在组织边界和组织间关系术语基础上衍生而成的、与组织内部视角对应的一种表达。跨组织边界突出强调组织的开放性和组织边界具有的渗透性、变动性和扩散性。资源、能力与知识等要素在组织与其外部环境之间发生流动,带动组织职能配置形态发生变化。

依照研究主题与内容的不同,跨组织边界可以进一步划分为由内至外和由外至内两种不同的角度。以技术转移为例,当企业拥有较为成熟的技术组合,并通过商业化方式增加组织收益时,跨组织边界的技术转移多是由内至外。相反,组织为了节约成本而选择从市场上购买某些技术资源时,技术的跨边界转移主要表现为由外至内。随着跨边界组织一词被广泛采用,探讨组织职能形态的研究不断增多。人们发现外部商业环境的急剧变化使组织之间的关系由竞争关系向竞合关系转变。在此情景下跨组织边界的合作变得极为普遍,组织职能呈现出配置方式(内部配置、外部配置或内外均衡配置等)上的分化。

一定程度上来看,跨组织边界与组织间关系可以互换使用,只是内涵上略有区别。首先,组织间关系反映了两个或多个组织之间联结方式的基本特征,如竞争性的组织间关系、合作性的组织间关系等。其次,组织间关系体现了组织对待外部环境的态度,以及如何看待竞争。相应而言,跨组织边界主要折射了组织在规模边界或能力边界上的客观存在状态,即边界具有的开放性或渗透性程度。组织边界越开放,组织间关系越有可能形成。

鉴于此,在不需要具体区分内涵差异的情况下,将统一采用跨组织边界一词指代因业务协作产生的与外部组织间发生联结的现象,以及描述企业存在的边界不清晰的状态。

二、跨组织边界相关理论及研究成果

(一)组织边界理论

组织边界是经济学研究的焦点。关于组织边界的理论研究主要来自交

易成本经济学、交换—效率理论和组织能力理论(Thompson,1967;Pfeffer
和 Salancik,1978)。

1. 效率逻辑下的组织边界观

受交换效率逻辑的影响,企业被看作一种治理机制。通过高效、综合运
用命令、激励和对管理行为进行监督等手段来降低治理成本,并以此和市场
区别开来(Masten,1991)。科斯认为,市场依靠"价格机制"发挥作用,而企
业则依靠"权威机制"配置资源;企业和市场的边界处于将治理活动成本降
到最低的点上(见图 2.6)。同时,从效率逻辑来看,治理效率不仅决定了企
业的水平边界,而且也影响到企业的垂直边界(Santos 和 Eisenhardt,2005;
Teece,1982;Williamson,1985)。水平边界是指产品/市场的范畴,垂直边
界则指在产业价值链上企业承担的活动的范畴(Santo 和 Eisenhardt,
2005)。在上述假设基础之上,威廉姆森进一步分析了资产专用性、环境不
确定性与交易费用之间的关系。在他看来,高的资产专用性更适宜采用官
僚层级的治理方式(Shelanski 和 Klein,1995;David 和 Han,2004)。此外,
Walker 等人的研究表明,交易伙伴行为不确定性与市场治理成本负相关
(Walker 和 Weber 1984,Sutcliffe 和 Zaheer,1998);技术环境不确定性会降
低官僚层级治理方式的优势,更适宜采用市场治理方式(Balakrishnan 和
Wernerfelt,1986;Richardson,1996)。上述观点得到了 Dyer(1996)和
Fung 等人(1978)针对美国汽车制造产业和美国航空业实证研究的支持。
当然,也有学者认为,效率视角下的交易成本逻辑更适宜运用在以密集型价
格竞争和稳定性结构为特征的产业中,因为只有在这些条件下,效率均衡才
可能出现(Kende 和 Michael,1998;Santos 和 Eisenhardt,2005)。

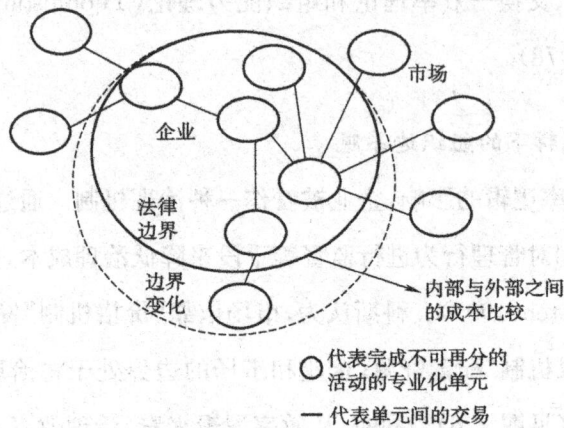

图 2.6 企业边界示意图:效率视角

在资产专用性高、技术不确定性低和竞争对手行为不确定性低的产业环境中,企业同其他组织之间开展合作的机会普遍较低。构建以单个企业为研究对象,聚焦探析企业内在行为规律的分析框架将更有研究价值。

2. 能力视角下的组织边界观

经济学关于组织边界的研究中,基于组织能力的探讨获得了极大的发展。较早对组织能力给予明确阐述的学者主要包括普拉哈拉德(Pralahad)和汉默尔(Hamel)等人,他们将组织能力表述为组织由过去到现在所积累的一种知识学习效果,需要各业务单位间充分沟通、参与投入,特别是使不同生产技能之间能合作无间或将各种不同领域的技术加以整合的能力,并且提供顾客特定的效用与价值。D. L. 巴顿则进一步将组织能力划分为四个方面,即知识与技能、技术系统、管理系统和价值与规范。从内涵来看,组织能力这一概念既与 Wernerfelt(1984)和 Barney(1991)等人提出的资源观紧密联系,但又存在明显的差异。前者强调组织对资源的利用和开发,并能将之转化为企业的竞争优势;后者主要强调影响企业竞争优势获得的资源的属性,即稀缺性、价值、无法替代和难以模仿。在能力视角下,企业被看作由一系列独特的资源束组成;企业边界取决于组织资源与环境机会之间的动态匹配,即将(企业)资源组合的价值最大化在连续点上(见图 2.7)。

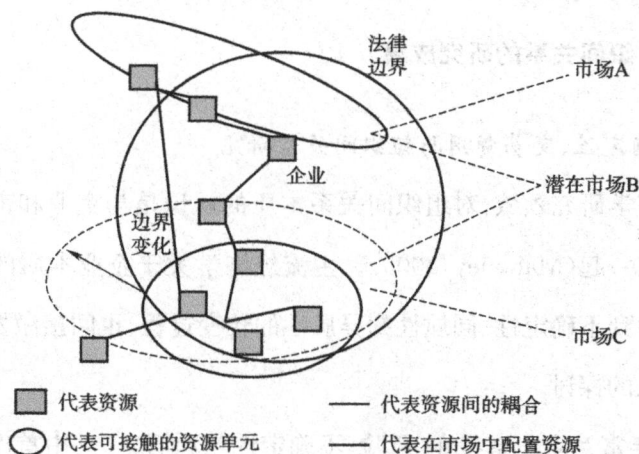

图 2.7　企业组织边界示意图:组织能力视角

在能力视角下,环境的动态性成为影响组织能力的关键变量。组织环境越稳定,企业越可能成为由紧密契合的资源组成的构型,如精益生产,组织边界的变化规律也就有章可循和容易预测(Pralahad 和 Hamel,1990;Amit 和 Schoemaker,1993)。对此,Helfat 以美国石油企业的研发资源为例,解释了它们在接踵而至的产品/市场扩展中的作用。当组织环境从稳定变为中度动态时,企业资源间的契合方式也变得松散,管理者倾向于采用收购方式来调整企业的水平边界,并在组织边界中寻求部分突破(Eisenhardt 和 Bingham,2005;Mitchell,2000)。对于复杂多变、高度动态和无序环境与组织能力间的关系,相关研究更为充分。大部分研究者认为,在高度动态的组织环境中,通过不同组织之间、松散资源的即兴联结是适应组织环境和培养组织动态能力更为有效的方式(Eisenhardt 和 Bingham,2005)。可见,在稳定和中度稳定的组织环境下,企业的水平边界和垂直边界都将相对明晰,企业之间的关联活动较少。

(二)组织间关系的研究成果

1. 不确定性、交易费用与组织间关系研究

在经济学研究领域,对组织间关系本质的认识是与企业和市场边界的探讨捆绑在一起(Mahoney,2005)。主流经济学关于企业本质的认识经历了从确定性到不确定性、同质性到异质性的转变过程,也间接激发了对组织间关系现象的探讨。

1921 年富兰克·奈特在《风险、不确定性与利润》一书中首次把不确定性因素引入经济学分析,此后,奈特和凯恩斯等相继对不确定性的内涵进行了阐述。科斯对奈特等人的观点进行了修正,并以交易费用作为分析企业本质的新工具。科斯认为企业和市场处于二分状态,各自的规模边界取决于双方在组织同一笔交易时发生的成本差异;如果采用从市场购买的方式能够获得成本上的优势,那么市场边界将向外扩张;如果采用市场方式交易的成本高于通过在企业内部依靠行政管理产生的成本,那么企业边界就将向外扩张。

威廉姆森意识到科斯交易费用理论存在的局限——虽然肯定了不确定性在分析企业性质中的重要性,却将不确定性主要理解为参数的不确定性,忽视了行为不确定性对企业性质的影响。通过引入行为不确定性,威廉姆

森拓展了科斯关于交易费用理论中"不确定性"的假设,将交易费用进一步阐述为在资产专用性、不确定性和交易频率三个参数下的变量。当交易的不确定性、交易频率和资产专用性较低时,协调交易的制度形式就是市场;当三个变量较高时,协调交易的制度形式就是企业;而当三个变量都处于一个中间状态时,一种全新的双边或多边的制度形式——中间性组织产生(见图2.8)。

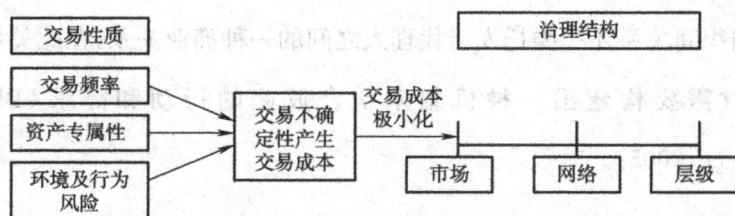

图 2.8　威廉姆森关于组织结构形式的理论框架图

威廉姆森对中间性组织与市场、企业的区分准确刻画出了组织间关系的存在基础,但并没有针对这种关系形式的特征进行细化挖掘。同时威廉姆森的分析框架仍然沿用了新古典经济学对于企业同质性的假设,自然无法对组织间关系的形成机理和演化动机做出全面的诠释。

2. 代理理论下的组织间关系研究

代理理论认为:当所有权与经营权分离时,组织会选择运用组织间关系来整合委托人和代理人之间的激励。因此,就组织间关系的本质而言,它是确保委托人(尤其是股东)诉求同代理人目标及行动保持一致性的一种机制(Berle 和 Means,1932;Fama 和 Jensen,1983)。代理理论模型表明,由于有限理性、机会主义和风险规避等特征,如果代理人可以不依赖于付出便取得收入,那么他将不会有努力工作的动机,从而损害到委托人的利益。为了消除这种根本性的危害行为,董事会的独立性和结构、所有权的公平以及公司控制的市场化将是三种行之有效的方式(Dalton 等,2007)。

代理理论视角下的组织间关系是委托人和代理人之间权利和责任的一种协调机制。这种关系受到管理者(代理人)制定的战略性扩张决策的影响,并直接影响到委托人的利益(Ahern 和 Weston,2007)。另外,也有观点认为,组织间关系还是委托人与代理人之间的一种商业关系,在此关系平台上,双方需要构建出一种机制来整合彼此的行动和需求(Blair 和 Lafontaine,2005)。

3. 社会交换理论对组织间关系的分析

在社会交换理论的支持者看来,任何交易过程既是一种经济交换,也是一种社会交换。而社会交换理论的基石与核心概念是信任、奖励和互惠。由于交易成本理论无法解释企业之间信任、认同和承诺等社会资本因素在建立组织间关系的过程中扮演的角色,促使社会交换理论在该领域获得了极大的应用。但是早期的社会交换理论侧重分析个体在社会活动中的行为特征,直至美国社会学家彼得·布劳将之引入分析组织间交换现象,该理论方成为分析组织间关系的重要工具。

巴特(Barth,1966)运用社会交换理论分析了合作型交换的典型特征;安德森和纳鲁斯则将之运用于制造商和配销商工作关系满意度的实证分析中,取得了突出性成果。Lance 等人运用社会交换理论发现,员工对待组织的态度和行为是以连续体的形式呈现,其一端以契约(或经济)交换为典型特征,另一端则是社会交换。尽管两种交换类型都依赖于对交换关系回报的期望,但契约交换关系更偏重于正式的协议约束,即对角色期望进行清晰的界定,并具体说明补偿内容;而社会交易关系则是以分散的、开放的角色期望作为主要特征,并依赖于双边互惠。所以,在社会交换理论视角下,组织间关系表现出以下基本特征:

(1)信任、承诺等社会资本因素是联结不同组织的关键要素。不同于单纯地通过市场完成交易,组织之间如果具有较强的信任和认同,一方面可以降低因风险和不确定性而面临的威胁,另一方面也可以节约交易过程发生的成本。在较强的信任基础上,重复性的交易活动将给合作双方带来好处;信任关系的建立和有效维持也使组织间关系更加稳定。

(2)组织间关系本质上是一种以互惠为目的的契约安排。作为一种契约关系,合作各方都可以通过正式的法律约束来保障自身利益;但同时作为嵌入到社会关系网络中的成员,彼此已经建立了相互的信任和承诺,为了避免因为采取有利于单边的行为而导致联盟解体或合作任务突然终结等不利后果,合作中的企业更倾向从互惠双边的目标出发采取行动。此外,由于信任、承诺等的约束,使得社会规则的执行在成员之间变得可能,这也可降低企业支付的成本。

4.资源依赖观下的组织间关系分析

20世纪70年代以前,组织理论的分析视角主要局限于组织内部,而后,组织间层面的分析成为组织理论研究的重要范式。这一特征与资源依赖理论的发展有着密不可分的关系。

资源依赖观的兴起得益于塞尔兹尼克(Selznick)进行的一项针对美国公共机构实践活动的经典研究;后经汤普森(Thompson)、麦克埃文

(McEwen)、普拉哈拉德和汉默尔等人的系统阐述被演绎为一个全新的理论观点和学术流派。早期研究侧重分析组织对环境依赖关系产生的动因：组织的生存与发展离不开环境提供的资源，由于很少有组织能够在关键性资源上实现自给自足，因此为了控制关键性资源，组织需要利用组织间的权力和依赖达成目的（Hillman，Withers 和 Collins，2009；Pfeffer 和 Salancik，1978）。随着研究的拓展，更多的研究者开始关注在组织与环境的交互依赖过程中，资源交互方式的演化、依赖关系的动态变迁以及生态环境内不同组织在地位、身份和角色方面发生的动态调整等问题。

在针对组织与环境依赖关系程度及类型的研究中，汤普森等人认为影响组织个体之间依赖关系的影响因素主要来自组织双方的需求和资源差异，即一个组织对另一个组织的依赖与所依赖组织能够提供的资源或服务的需求成正比；与可替代的其他组织提供相同的资源或服务的能力成反比（汤普森，1967）。该研究暗含一种观点：组织所持资源的特殊性将影响其与外部组织间的关系。尽管汤普森没有对这种资源的特殊性提出明确的划分标准，但其开创了组织间关系分析的新视角，并为探讨组织间关系的复杂性和动态性提供了有益的借鉴。

对组织间依赖关系做出综合性理论诠释的主要代表人物有费佛尔和萨兰奇科、普拉哈拉德和汉默尔等。1978 年费佛尔和萨兰奇科出版了《组织的外部控制——一种资源依赖的视野》。在该书中，首次陈述了他们对组织间关系的四个假设，即组织最关心的是生存；组织无法获得自给资源，需要从外部环境中获取；组织必须与所依赖的环境中的因素进行互动，其他组织正是环境中的重要因素之一；组织的生存建立在它对与之依赖的其他组织关系进行控制的能力之上。基于上述四个基本假设，组织间关系的强度和类型可以依据资源的重要性程度,替代性资源的存在程度,以及组织内外某一特定群体获得或自行裁决资源使用的程度这三个变量予以分析。为此,费佛尔和萨兰奇科将组织间关系的类型划分为竞争性互依与共生性互依两种典型类型。这其中,组织所拥有的资源的异质性程度是影响组织间关系的一个非常重要的因素。所谓资源异质性,主要是指组织具有的某种资源是非竞争性的,同时也是难以被替代和模仿的,而且无法通过市场公开定价获得。拥有异质性资源的组织往往更能占据网络关系中的有利位置,并与其他组织之间形成非对称的依赖关系,也更容易为自身发展提供便利。

在资源依赖观视角下,组织间的关系结构呈现不同层面的形态特征:一组(两个)结点之间的对偶关系、多个结点之间的星系关系和整体状态下的网络关系。所谓对偶关系,主要表现为一组组织与个体之间的互动情况,是组织间关系研究的最小分析单位,也是构成组织间关系分析的基石。组织间的对偶关系可以分为对称性依赖关系与非对称性依赖关系。组织间对偶关系的形成一般会经历一个从纯市场交易关系到长期伙伴关系的发展沿革过程。具体来说,两个组织通过由最初在市场环境下偶然的交易活动的开展,逐渐产生了对双方交易活动的彼此信任,并依序表现为重复性地开展合作活动,进而最终缔结战略联盟的组织间关系的这一过程(Webster,1992)。对偶关系的发展反映了存在交互作用的两个个体,在特定的社会网络情景下,通过长期的互动与适应而形成的一种关系结果。总体而言,资源依赖观认为通过与其他掌握关键资源的组织之间形成牢固的伙伴关系将有利于组织降低外部的不确定性,并为协同行动搭建平台。

综上所述,组织之间保持合作关系是为了更有效地完成任务、巩固组织间的社会关系,并以此形成牢而有力的同盟,提高组织声望和满足合法性要求(Anne,2011)。组织和个人一样,都是社会结构下的一种嵌入(Uzzi,1996);组织在社会结构中的嵌入深度和嵌入的结构形式将影响到组织之间知识和影响力的流动(方向及速度),同时也会对那些缺乏和外界形成巩固联结的组织造成约束(Anne,2011)。

第三章
组织内部视角下人力资源管理角色的结构特征

角色具有功能性,它表明了主体在社会活动中的地位、社会关系中的位置,以及人际交往中的身份。角色的结构主要是由角色扮演者、角色期望、角色地位、角色关系、权利义务和角色行为来界定。组织内部视角下人力资源管理角色是指不考虑组织间人力资源管理业务情境时,企业边界范围内(单一企业)人力资源管理职能扮演的角色类型。下面将用"人力资源管理内部角色"代指"组织内部视角下的人力资源管理角色"这一表述,也为了和后续"人力资源管理跨边界角色"一词进行区分。

本章主要基于 P-R-T 模型,以企业人力资源管理部门及其管理者承担的角色为分析对象,解析人力资源管理内部角色的结构特征(静态),以及在不同发展阶段中人力资源管理内部角色的结构变化(动态)为"组织间合作"视角下人力资源管理跨边界角色的分析奠定基础。

第一节　人力资源管理职能形态及其变化

　　人力资源管理内部角色与人力资源管理职能形态密切相关。大部分学者主要从人力资源管理职能的配置方式或人力资源管理的实践构型来对人力资源管理职能形态加以区分。因此,本节将对人力资源管理职能形态进行必要回顾。

一、人力资源管理职能形态

　　一般意义上的人力资源管理是指为了实现组织目标和管理员工队伍而进行的招聘甄选、培训开发、绩效考核、薪酬管理和员工关系管理等一系列人力资源实践活动,以及这些实践活动发挥的功能作用。但是,Michael 等人(2006)认为,人力资源管理概念本身就存在争议,按照应用层面和研究范畴的不同,人力资源管理会有不同的内涵。

　　对人力资源管理职能形态的含义更缺乏成熟且一致的表达。职能和功能、作用具有相通的含义,往往理解为人、事物或机构具有的职责和功能作用。而汉语词典对"形态"的解释是"事物存在的样貌,或在一定条件下的表现形式"。Michael(2006)认为形态反映了某种事物的结构安排及其特征。基于此,将人力资源管理职能形态界定为"企业在进行人力资源管理实践活动过程中形成的具有根本性特征的管理方式。主要表现为人力资源管理职能的权责范畴与活动组织方式,以及人力资源管理职能发挥的功能作用"。

Ulrich(1997)从人力资源管理服务渠道概括了三种不同类型的人力资源管理职能形态,分别是:由公司人力资源部门负责政策和实践的设计;由人力资源共享服务中心承担政策监督和实践执行,并向业务管理者和员工提供在线的自我服务体系;由人力资源商业伙伴与业务管理者一同制定和落实相关政策。Ulrich 同时预测,组织间关系会影响外部人力资源服务供应商的作用,并促使企业内部人力资源管理服务渠道实现多元化。

Mireia 等人(2006)从代理视角将人力资源管理职能形态划分为七种类型:人力资源管理是组织内部代理人的共同职责;为每一项人力资源管理任务指认一名代理人,每位代理人负责一项人力资源管理任务;人力资源管理是由高层领导的共同职责;人力资源部分任务外包(out-tasking);外包专业化人力资源管理活动,业务部门共同承担一般性责任;由人力资源管理部门完全负责人力资源管理活动;由业务部门辅助,人力资源管理部门承担主要人力资源管理活动。

Elaine 等人(2010)参照供应链理论将组织人力资源管理理解为一种内部服务功能,并依靠不同的服务提供者(又称中间人)来实现运营。这些中间人既包括传统的人力资源管理部门及其专业人员,也包括共享服务中心、基于万维网的 E-HRM 系统和人力资源商业伙伴(见图 3.1)。当共享服务中心和人力资源商业伙伴接手越来越多的人力资源管理业务后,传统形式下由人力资源管理部门完全控制整个人力资源管理职能的情况将会改变。同时,由于人力资源外部代理机构的进入,组织内其他业务单元将转变为人力资源管理业务的"执掌者"可以直接下达自己的指示和要求,缓解人力资源管理业务执行存在的滞后问题。

也有学者将人力资源管理职能形态简单划归为集权型或分权型。但凡不借助代理人来主导人力资源管理活动的模式均可以称为集权型模式。选

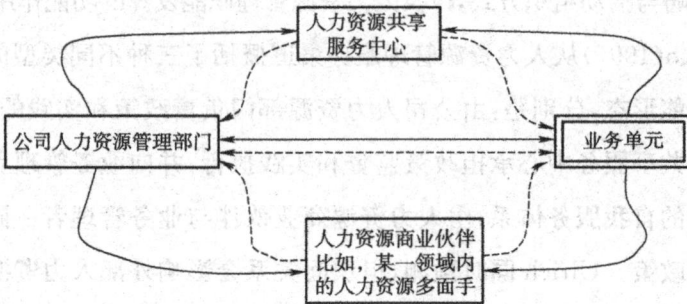

图 3.1　人力资源供应链结构

择将任务下放给业务管理者或外包给第三方机构的模式都可以归为分权型模式。Francoise 等人(2008)就分析了两种模式对组织绩效的影响。其研究结果表明:过度集权化或分权化都可能降低组织绩效水平。

二、人力资源管理职能形态的变化

20 世纪中期起,企业人力资源管理职能形态发生了显著变化。首先,人力资源管理职能逐渐从事务管理层面向战略层面转移,活动范畴也从产业关系与集中谈判为主向人力资源开发、工作场所学习、人力资本累积等活动调整。其次,人力资源管理的组织方式从单一的人力资源管理活动构型向一体化构型调整(Sparrow 和 Hiltrop,1994)。值得注意的是,竞争压力加剧正在快速改变组织内部人力资源共享服务中心、业务部门和人力资源管理部门的(人力资源管理)职责,促使人力资源管理职能形态向分权化加速演化(Michael,Patrick 和 Michelle,2006)。

(一)人力资源共享服务中心

设立人力资源共享服务中心(human resources shared services center,

HRSSC)首先得到了广泛推广。这一做法通常是将人力资源业务打包后交由组织内部人力资源共享服务中心负责,以此提高人力资源服务的质量和效率(Farndale,Paauwe 和 Hoeksema,2009)。成立共享服务中心(shared service center,SSC)可以实现资源的集中捆绑和利用,充分平衡人力资源集权化和分权化带来的好处。研究者认为,SSC 可以解决组织在面临集权化和分权化选择时的困境,是一种可以帮助组织控制和提高本土化反应的战略措施(Quinn,Cookie 和 Kris,2000)。HRSSC 实现了资源集中化与控制分权化,是组织提升人力资源管理服务水平的前提。在 SSC 模式下,人力资源服务的控制权和决策权由公司层面(如董事会)转移到了员工或业务者手中,他们以愿意支付的价格来换取想要得到的服务类型、层次和质量。

当前,SSC 承担的任务主要包括工资、人事管理和招募等。此类工作任务的完成一般依靠诸如信息技术和行政性胜任力等资源的集中利用来实现(Bondarouk,Maatman 和 Meijerink,2010)。知识资源对于 SSC 具有重要价值。知识资源通常包括两种类型:功能性人力资源知识(传递人力资源实践的能力)和技术知识(发挥技术对人力资源实践杠杆作用的能力)。Youndt 等人(2004)认为构成 SSC 智力资本的来源共有三个方面,分别是人力资本、社会资本和组织资本。这三种资本嵌入在个体、网络和组织层面,只有当人力资本、社会资本和组织资本共存时,才能保障 SSC 绩效最佳。由于三种资本会伴随人员流动、组织内部关系和组织外部关系的变化而发生变化,组织能否充分利用储存在人力资源流程、数据库、信息体系中的知识将成为决定其人力资源服务绩效的关键。

毫无疑问,SSC 的出现改变了组织内部人力资源管理职能形态。但是如何对 SSC 进行有效治理却前景不明。Strikwerda 认为,按照由集权到分权的不同程度,大致可以将治理结构划分为总服务型、独立的业务单元、业务单元内的 SSC 和内部合资企业(见图 3.2)。

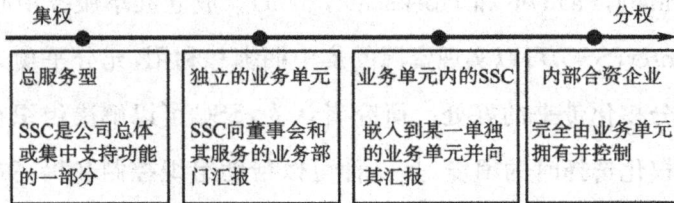

集权 ●————————●————————●————————→ 分权

总服务型	独立的业务单元	业务单元内的SSC	内部合资企业
SSC是公司总体或集中支持功能的一部分	SSC向董事会和其服务的业务部门汇报	嵌入到某一单独的业务单元并向其汇报	完全由业务单元拥有并控制

图 3.2 SSC 的治理结构

HRSSC 与组织绩效间的关系也没有达成统一认识。部分研究者认为两者之间呈现出积极的相关性,有利于提升人力资源管理的战略价值(Kulik 和 Perry,2008)。但少数研究者强调:HRSSC 的结构设计、社会资本结构与组织资本、个人资本契合才能提高 HRSSC 绩效(Reilly 和 Pickard,2000;McConville,2006;Redman 等,2007)。其他研究发现:相比通过 HRSSC 来执行人力资源管理任务,业务管理者更愿意和专门的人力资源管理人员打交道。此外,还需要注意到另一个趋势:通常被看作一种组织内部制度安排的 HRSSC 开始被外包(McMracken 和 Mclvor,2013),外包的 HRSSC 本质上演化成了组织间人力资源管理业务。比如,英国公共部门组织 Govco,它的 11 个政府部门都建立了外包型的 HRSSC,逾 3000 多名员工受益。

(二)业务部门的人力资源管理职责

20 世纪 50 年代之前,企业人力资源管理是一项独立的职能,其业务活动大部分由企业内部专业人员承担。不同组织在人力资源管理职能形态上的差异主要体现在人力资源管理实践内容的区别上。随着组织结构扁平化、网络化发展,人力资源管理活动开始通过复杂、间接的行政管理方法来实施(Kettl,2000),人力资源管理服务传递方式发生了变化。一些组织选择由第三方独立机构(专业化人力资源服务商)参与组织人力资源管理政策的设计、管理和执行,以增加组织应对环境变化的适应性;而另一些组织则将人力资源管理事务下放到业务部门,通过人力资源管理的分权化来实现组织柔性(Heinrich 等,2005)。归结来看,无论采取哪种人力资源管理构型,其最终目的都是要达到结构性双边灵活,即既要保证人力资源管理能够满足组织在开拓新市场机会方面所需的能力,同时还需具备巩固和挖掘现有市场竞争优势的能力(Jimmy Huang 和 Hyun Jeong Kim,2013)。

将人力资源管理下放到业务部门的做法无疑对人力资源管理部门的角色,以及活动的组织、监督和管理产生深远影响。

(1)人力资源管理职能下放可能与业务管理者的现实工作需求不兼容——大多数业务管理者往往将人力资源管理事务放在"第二位/次要"的位置加以考虑,并不会像专业人力资源管理人员一样重视人力资源管理实践活动(McGovern 等,1997;Cunningham 和 Hyman,1999;Whittaker 和 Marchington,2003)。

(2)业务管理者在人力资源管理知识、技能和能力方面的欠缺将会导致许多负面结果,并最终造成组织绩效下滑(Budhwar,2000;Bond 和 Wise,2003;Renwick,2003;Whittaker 和 Marchington,2003)。

(3)人力资源管理专业人员在放权的过程中也可能无法为自己找到更好的定位(Torrington 和 Hall,1996;Hall 和 Torrington,1998;Harris 等,2002),角色错位会造成人资源管理者不能在战略性任务上进行大胆创新,阻碍战略伙伴角色的扮演(Bond 和 Wise,2003)。

一旦人力资源管理分权化遭到失败,人力资源管理人员将无法再获得进行传统行政性事务的管理权,面临两难处境(Renwick 和 MacNeil,2002)。

概况来看,即使不考虑组织间人力资源管理业务的产生,组织内部人力资源管理职能形态也在不断发生裂变。分权化的人力资源管理配置模式不仅促使人力资源管理部门权责变动,也改变了企业对人力资源部门及其管理者在组织内部的角色定位和角色期望。厘清人力资源管理内部角色的结构有利于相关人员对即将承担的新角色形成清晰的认知和明确的意识。

第二节　P-R-T 框架下人力资源管理内部角色的结构特征

角色的扮演者、社会关系、社会地位、权利义务、社会期望和行为模式是分析角色结构特征的基本要素。Oeser 和 Harary 在角色要素的基础上提出了 P(person)-P(position)-T(task)框架。下面对 P-P-T 框架内容进行了部分修正并构建了 P(person)-R(relation)-T(task)模型。基于 P-R-T 模型,本节对人力资源管理内部角色的结构特征加以比较阐释。

一、P-R-T 框架

不论是角色的分类、测量、评价,还是角色转变与发展,都涉及对角色结构的理解(Oeser 和 Harary,1962)。多数针对人力资源管理角色的研究仅探讨了角色的某一方面特征,忽略了对其他属性的全面把握。Oeser 和 Harary(1962)构建了一个整体性分析角色结构特征的 P-P-T 框架(见图 3.3),强调从角色扮演者、职位和任务三个构成要素,以及任务与职位、任务与角色扮演者之间的社会规范来理解角色的结构特征及其内在关系。

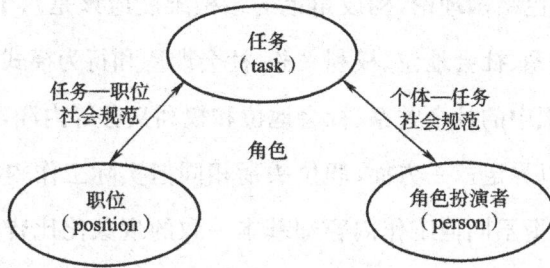

图 3.3　角色结构示意图

角色扮演者是承担角色任务并占据某个职位的人。当组织为职位指派人员后,一方面角色扮演者必须通过承担的工作任务和建立的关系来扮演角色;另一方面,扮演者能力的高低直接影响到角色扮演效果。由于任何角色的行为特征及其角色期望都优先于角色扮演者而存在,因此角色扮演者并不是分析角色属性的关键要素。

职位是角色在组织结构中占据的某个位置,是组织授予职位的某种头衔。职位主要通过社会特征(如性别、年龄和教育背景等)、心理特征(如技能、领导力和智力等),以及关系特征(该职位同其他职位之间的关系)来界定。职位则反映出角色在组织中的身份或所处管理层级的高低/核心或边缘,体现了组织对其贡献的期望(Merton,1957)。

任务是指角色扮演者需要承担的工作责任,它反映了组织内劳动分工的不同形式。劳动分工是在任务要素和一群人之间建立某种对应关系。分工方式的不同直接影响到角色任务的差异,进而影响到角色扮演者的行为模式。虽然个人在组织中扮演的角色并非唯一,而是角色束或角色集(Lobel,1991),但是在利益导向型组织中,与工作任务相关的角色则构成了职能角色体系的主要部分(Steven 和 Peter,2000)。

P-P-T 模型虽然依循了角色结构理论的核心假设,但是在实际应用中还存在明显缺陷：

(1)按照角色结构理论,构成角色的结构维度应该是六个方面,即角色扮演者、社会关系、社会地位、权利义务、社会期待和行为模式。尽管职位包含了角色在组织中的社会关系、社会地位和权利义务等内涵,然而在某些组织中却比较难以界定。一方面,职位头衔相同但实际工作内容可能并不一致,或者职位头衔不同但工作内容却基本一致的现象比比皆是;另一方面,组织结构变得更加柔性时,很难从"职位"来完整反映角色的关系特征。

(2)在"角色扮演者"的内涵解释上,Oeser 和 Harary 将之表述为占据角色职位的个体。由于角色扮演效果会因个体能力不同而不同,单纯考察个体层面上的角色无法客观反映出组织对人力资源管理职能的角色期望。

(3)角色的行为模式与其被赋予的权利义务高度相关,所以仅考察角色的任务并不能完整体现角色的复杂性。

基于此,下面对 P-P-T 模型进行了内容修正,提出了角色分析的P-R-T模型(见图 3.4)。

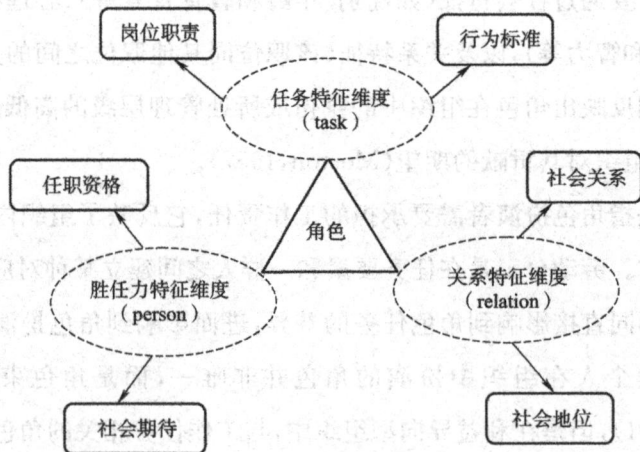

图 3.4 P-R-T 模型

在 P-R-T 模型中,社会地位和社会关系一起构成了关系特征维度,它反映了角色在组织中的社会资本状况,即角色的地位和角色在组织关系网络中获得的与职位相关的声望或口碑(Gould,2002；McGee 和 Galinsky,2008)。组织地位越高,角色扮演者更容易通过正式或非正式渠道对组织决策及他人施加控制和影响,同时还会获得更多的机会,降低成本结构(Podolny,1993)。社会期待和角色扮演者一起构成了角色的胜任力特征维度,它反映了组织对任职者的一般性期望。岗位职责与行为标准构成了任务特征维度,主要体现了组织对角色赋予的权力以及要求其承担的责任,同时还包括行使权利与承担义务时应该具备的行为标准要求。

与原有的 P-P-T 模型相比,修正后的 P-R-T 模型不仅完整体现了结构角色理论的核心假设,而且更好地吻合了组织间业务涌现后企业社会资本在组织竞争与合作中的潜在价值,将角色的结构分析概念从组织内部视角延伸到组织间视角,便于对人力资源管理跨边界角色结构展开后续探讨。

二、P-R-T 框架下人力资源管理内部角色的结构特征比较

个体总是扮演着多种关联角色。基于 P-R-T 框架,比较人力资源管理内部角色在胜任力特征、关系特征和行为特征维度上的异同有利于处理角色冲突,改善角色扮演效果。从理论上讲,人力资源管理内部角色可以划分为八种类型,分别处于图 3.5 所示的八个象限中。

(一)象限Ⅰ(ESOR-IWO"V)

任务特征:人力资源管理任务集中在附加价值较低的、一般性行政管理活动上,如员工考勤记录、工资管理、福利管理等。

关系特征:人力资源管理岗位的任职者在组织中的地位普遍偏低,缺乏足够的发言权和管理权力。

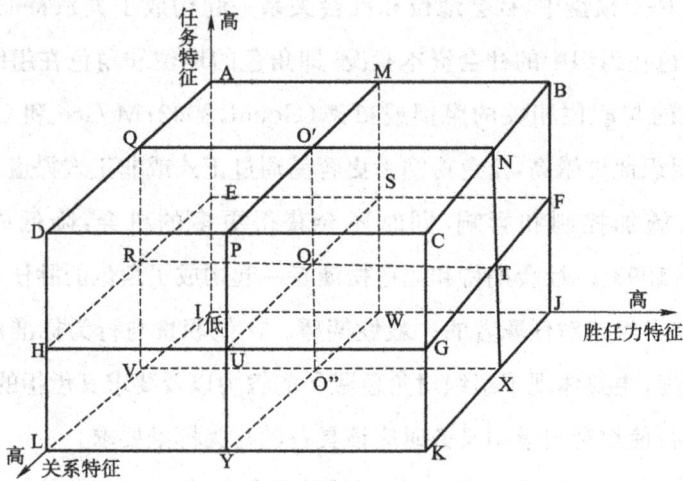

图 3.5　人力资源管理内部角色结构特征分析示意图

胜任力特征:组织对人力资源管理岗位缺乏明确的任职资格标准,人力资源管理人员主要依靠个体经验来完成任务。

这一象限中,企业人力资源管理职能基本上是企业管家的典型形象,组织地位低、组织贡献低和管理者能力低是其根本特征。仅从角色结构特征来看是一种稳定状态的角色构型,在没有外力作用时该角色可能会长期存在。

(二)象限Ⅱ(SFTO-WJXO")

任务特征:人力资源管理以行政管理活动为主。

关系特征:人力资源管理职能在组织中的地位偏低,但开始承担一些新任务。人力资源管理部门及其管理者需要借助个人的社会资源来开展活动。

胜任力特征:组织对人力资源管理岗位提出较明确的任职资格要求,希望通过任职者能力提升达到改善人力资源管理水平的目标。但组织并没有从制度设计层面为人力资源管理者赋能。

这一象限内,人力资源管理主要充当行政管理专家的角色形象,同时也为业务部门提供必要的咨询服务。组织往往处于变革时期,期望通过引进专业化人力资源管理人员的方式来对传统的人力资源管理实施变革。因此,人力资源管理角色呈现出一高(岗位任职资格高)两低(地位低、活动的附加价值低)的过渡期特点。

(三)象限Ⅲ(OTGU-O"XKY)

任务特征:人力资源管理部门承担的任务仍然是以行政管理性事务为主,但针对业务部门扮演服务传递者角色的形象开始显现。同时人力资源部门作为员工职业发展的主要规划者和实施者,逐渐成为员工利益的代言人。

关系特征:依赖于一定程度参与企业业务活动,人力资源管理者与组织高层管理人员或业务部门管理者之间保持了较好的社会关系,从而使得他们在组织中的声誉得到了肯定。但由于局限于组织制度条件,人力资源管理职能的地位及其影响力有限。

胜任力特征:组织对人力资源管理任职者提出了较高的任职要求,但人力资源管理者的能力可能还无法充分发挥,无法完全承担组织变革、战略管理等高附加价值的活动。

这一象限的人力资源管理角色比较符合我国大多数企业的实际情况,尤其是在一些已经从人事管理阶段向人力资源管理阶段迈进的企业组织内。

(四)象限Ⅳ(ROUH-VO"YL)

任务特征:人力资源管理职能在组织中的地位较高,但人力资源管理活动仍然集中在传统的行政管理事务范畴。

关系特征:人力资源管理者不需要借助过多的社会资本来开展行政事务管理。

胜任力特征:组织对人力资源管理岗位的任职要求不高。

从理论上讲,这一角色构型基本不存在。原因在于:组织地位主要受角色主体的声誉和物质产出的影响(Castellucci 和 Ertug,2010;Cowen,2012)。如果人力资源管理职能无法为组织带来价值,同时人力资源管理者又缺乏一定的组织声誉,则角色主体将不可能获得较高的组织地位。在现实世界中,我们仍然能看到极少数符合此类构型的人力资源管理角色。例如,计划经济时期我国国有企业的人事部门,由于独特的经济环境和社会制度约束,国有企业人事部门承担着领导干部培养与任用等关键任务,对员工在组织内的职业发展机会具有很多决策权。但从人力资源管理职能对企业产出的实际影响来看,其价值贡献并不满足企业所需,且人力资源管理者的能力也滞后于企业发展。从本质上来看,这类角色是一种错位的角色构型。

(五)象限 V(AMO'Q-ESOR)

任务特征:人力资源管理任务集中在附加价值比较高的事务中,比如参与组织战略制定和组织变革管理等。人力资源管理逐渐向"变革代理人"角色形象转变。

关系特征:人力资源管理职能的价值产出还没得到组织充分认可。人力资源管理部门及其管理者急需借助社会关系来辅助完成任务。

胜任力特征:人力资源管理者的能力还无法满足组织期望。

从理论上讲,这一象限的组织可能采纳了分权化人力资源管理模式。组织内部一些常规的、事务性人力资源管理活动开始下放到业务部门。人力资源管理部门及其管理者承担了参与组织战略制定或变革管理等核心任务,但如果管理人员能力不足则不能把握好这一机会,因此人力资源管理职能反而会遭遇前所未有的"信任危机"。同时该象限中业务管理者面临的人力资源管理压力也将增加。如果组织内部沟通不畅,企业缺乏对分权化人力资源管理模式的有效管控,则人力资源管理职能反而会陷入"分而无效"的困境。

(六)象限Ⅵ(MBNO'-SFTO)

任务特征:人力资源管理职能还承担了服务传递者和行政管理专家等角色,同时在战略性决策方面拥有一定的发言权,是真实的战略伙伴。但由于缺乏恰当的"政治"策略,可能造成其工作价值无法得到有效认可。

关系特征:人力资源管理职能获得的组织评价并不高。

胜任力特征:组织对人力资源管理者的任职要求和期望的贡献都较高。

从理论上讲,人力资源管理职能的组织地位与其贡献持平。但可能因组织内部的斗争、人力资源管理部门竞争策略使用不当,抑或价值贡献评价标准不合理反而造成该象限内的人力资源管理职能贡献被低估,人力资源管理者无法获得组织认可。

(七)象限Ⅶ(O'NCP-OTGU)

任务特征:人力资源管理职能能够全面承担起组织变革管理、战略管理等核心任务,为组织发展作出了实质性贡献。

关系特征:人力资源管理在组织中的社会地位很高,获得了绝大多数利益相关者的肯定。

胜任力特征:人力资源管理者完全胜任工作。

这一象限内,人力资源管理职能达到了最佳状态。依据 Ulrich 等人(1997,1999)的解释,处于战略人力资源管理阶段下的人力资源管理职能既需要在组织中拥有较高的组织地位和贡献度,同时人力资源管理者的专业能力也要与需求相匹配。因此象限Ⅶ表明:人力资源管理部门不仅成功塑造了战略伙伴和变革代理人等高附加值的角色形象,同时在行政性管理事务和服务传递方面的贡献也得到了充分认可。

象限Ⅵ和象限Ⅶ的微妙区别在于:两者承担的任务内容大致相同,但是由于组织情境不同,前一象限中的人力资源管理职能没有获得组织肯定,而后一象限中的人力资源管理职能则获得了完全认同。

(八)象限Ⅷ(QO'PD-ROUH)

任务特征:人力资源管理被赋予了承担组织内高附加值任务的责任。

关系特征:人力资源管理职能在组织中的社会地位较高。

胜任力特征:人力资源管理者的专业能力不足以支撑其工作要求,还无法满足组织期望。

依据角色理论的观点,角色是分配给一个特定岗位的有组织的一系列活动。尽管个体会影响如何解释角色和角色如何发挥作用,但是角色本身是预先决定的。所以,当组织CEO或者高层管理人员对人力资源管理的潜在价值达成了强烈的共识,那么他们将会给予人力资源管理较高的组织地位,并赋予它完成相关核心任务的可能。然而,由于人力资源管理者尚未具备承担战略伙伴所需的胜任力,因此其实际贡献可能并不高。所以,这一象限所述的人力资源管理角色是一种处于过渡状态的角色类别,其角色结构不够合理。

通过针对上述八个象限中的人力资源管理内部角色的结构分析可以发现:一些角色处于结构稳定状态(如象限Ⅰ和象限Ⅶ),而一些角色则处于结构不稳定的状态(如象限Ⅳ)。不稳定的结构特征间接表明了人力资源管理角色具备发展的内驱力,是组织人力资源管理角色演化的内在动力。至于角色发展会经历哪些结构形变,进而向何处去将在第五章讲解。

第三节　P-R-T 框架下人力资源管理内部角色的结构演化

从 20 世纪初开始,人力资源管理依序经历了从人事管理到人力资源管理、再到战略性人力资源管理的发展。本节通过对三个阶段中人力资源管理内部角色结构的分析,刻画人力资源管理职能演进的内在变化,同时为理解和诠释人力资源管理跨边界角色提供参照。

一、人事管理阶段的角色结构

20 世纪初期,由于自动化生产技术的诞生、科学管理思想的萌芽、工作性质的改变,以及工会在化解劳资冲突方面的不利表现,大部分美国企业无法有效协调好雇主、员工及政府代理机构之间的利益。这时,以福利资本主义形式为典型特征的人事管理出现,并逐渐受到一些大型企业的重视。人事管理时期的角色结构呈现出以下特点:

1. 任务特征

早期人事管理职能的角色定位并不明确,人事管理承担了大部分与员工管理相关的行政性事务,同时与其他管理事务存在边界上的交叠(Legge,Karen,Exley 和 Margaret,1975)。企业人事管理的工作任务主要围绕提高员工工作效率这一目标展开,员工选拔、培训与晋升,工作设计和报酬管理等都是其主要工作范畴。

2. 胜任力特征

在福利资本主义模式下,原先由车间负责人(工厂主、工头等)完成的部分员工事务,如福利管理、考勤记录、新员工培训和员工服务等,开始交由专职的人事专员来打理(Lawrence,1985;Carrig,1997;Wright 等,1997)。人事专员承担起大部分与员工管理相关的行政性事务,并成为企业的看门人;同时,人事管理职能也从企业生产中独立出来,演化为一项专业化工作。因此,人事专员的出现标志着人力资源管理职能(本质上还是人事管理)的独立。由于还是一项新兴职业,企业对人事管理岗位应当具备的能力、技能、知识等并没有明确的标准,大多数任职者也并未接受过专业的训练。

3. 关系特征

20 世纪初期至 40 年代之前,人事管理职能在组织中的地位比较微妙。人事管理者一般作为参谋人员依附于业务管理者而存在,企业甚至没有设立独立的人事管理部门。但从人事管理职能的实施效果来看,人事专员在组织谈判中的作用在不断增加。一方面,依靠人事专员提供的专业化服务,企业采纳了更多涉及员工管理的合同、条款,间接改善了员工福利、工作条件和用工政策等,使得人事专员能够在谈判中拥有发言权,并充当谈判者和协调者的角色(Comella,1980)。另一方面,人事专员提供的专业化服务降低了用工成本,越来越多地赢得了企业管理者的支持。这些贡献无疑增强了人事管理在组织中的地位。但是由于人事管理活动的实施部分削弱了员工加入工会的动机,损害了工会的权利,也使得工会代表与人事专员之间的关系变得较为紧张(Comella,1980)。

二、人力资源管理阶段的角色结构

20 世纪 50 年代左右,人事管理开始向人力资源管理转变(德鲁克,1954)。在功能边界、事务内容和目标方面,人力资源管理都较人事管理有了极大的变化。人力资源管理部门也正在从一个保守的、维持性部门向一个以泰罗制、控制、效率、低成本和包容冲突的激进部门转变。

1. 任务特征

人力资源管理职能承担的任务仍然集中在招聘录用、员工培训、绩效评价、员工关系管理、员工福利与薪酬管理等常规事务方面,扮演着行政管理专家的角色(Ulrich,1990;Carrig,1997)。但这一阶段的人力资源管理也体现了比较明显的阶段性特征。比如,我国学者刘川(2010)将人力资源管理发展阶段划分为机械阶段(20 世纪 40 年代至 50 年代)、法制阶段(20 世纪 60 年代至 70 年代)和有机阶段(20 世纪 80 年代)三个时期。在这三个时期,人力资源管理的任务特征依次表现为:

(1)机械阶段中,企业人力资源管理主要从事与产业关系管理相关的事务,包括解释工会合同、做记录、招聘员工、处理劳资敌对关系和进行福利管理等。

(2)法制阶段中,人力资源管理任务主要聚焦在如何为企业设计合理的流程、政策等,以保障企业能够遵循不断涌现的劳资关系方面的法律、法规,并承担起作为劳资纠纷问题协调者的关键角色。

(3)有机阶段中,人力资源管理的核心活动则集中体现在为企业兼并、并购等活动提供后方支持(尽职调查),以及为组织变革提供专业咨询服务(心理咨询、新职咨询)等事务上。

事实上，一方面，人力资源管理的任务体现为传统服务的管理者；另一方面则表现为各级客户(高层、直线经理、员工)需求的满足者和顾问。如果按照人力资源管理活动的性质，则可以把人力资源管理任务划分为交易型活动和传统型活动。所谓交易型活动主要指与人力资源行政管理最直接相关的部分，福利管理、考勤记录和员工服务等都属于这一类别；而传统型活动则主要是指运用于员工和工作情境管理，并对企业运营基础起到支持性角色的活动，如招聘甄选、培训开发、绩效评估和薪酬管理等。针对瑞士银行人力资源部门定制化服务的研究显示：人力资源管理部门及其人员承担了四项任务：收集信息、开发行动议程、实施行动项目和评估项目效果。在上述任务的完成过程中，不论是对顾客需求进行评估，还是与职能管理者进行有效配合都涉及信息处理、谈判和沟通，而人力资源部门也基本实现了从信息记录成本中心向服务导向功能的转变。

不管划分的依据有何不同，人力资源管理的任务结构已经开始出现分化，并呈现出发展中的阶段性和过渡性特征。人力资源不仅依然承担了一些传统事务活动，同时人力资源管理开始向更高阶的管理活动延伸，具体表现为人力资源管理正在竭力成为组织各类服务的传递者。虽然服务传递角色依旧是一种被动的、反应性的行为模式，却已经成为人力资源管理区别于传统人事管理的重要标准；人力资源管理专业人员也正试图通过"服务传递者"的角色定位来重新界定其组织价值，并努力获得组织认同。

2. 胜任力特征

对应于工作内容从传统行政管理向服务传递过渡，组织对人力资源管理岗位的认知资格提出了新的要求。行业协会和企业都对人力资源管理专业人员的胜任力制定了相关标准，同时大部分行政管理事务和员工服务事务开始分配给业务管理者承担,人力资源管理岗位主要承担战略任务执行。人力资源管理岗位所需具备的战略协调能力、组织沟通能力和员工管理能力等都得到了重视。

3. 关系特征

人力资源管理阶段,人力资源管理职能在组织中的地位较人事管理阶段有了明显提高。但是从实践来看,组织对人力资源管理的价值贡献并没有给予太多的肯定。相当多企业的人力资源管理仍然处于组织边缘地位,并继续充当行政管理专家这一传统角色。少数组织中,人力资源管理正在力图通过服务传递者角色来提升价值。但服务传递角色仍然被认为是一种被动的、防御性的行为,无法对组织提供高附加值的贡献,因而其组织地位仍然无法得到实质性提高。只有在极少数组织中,人力资源管理人员开始成为董事会成员,参与战略决策。

三、战略性人力资源管理阶段的角色结构

一般认为在传统人力资源管理阶段,人力资源管理只关心做了些什么,而不关心为组织和员工创造了什么样的价值,是只计产品不计回报的一种价值取向管理方式(李新建等,2009)。20 世纪 90 年代末期,企业外部环境的变化使组织间的竞争更加激烈。在战略管理思想的推动下,以产品为导向的人力资源管理模式(亦称职能导向的人力资源管理)开始向以战略为导向的人力资源管理模式演化,相应的人力资源管理角色呈现出新的阶段特征。

1. 任务特征

虽然学术界对于战略性人力资源管理与职能导向人力资源管理的关系存在不同观点,但实现组织战略目标成为人力资源管理的根本使命。为此,研究者将关注点聚焦在了在组织战略管理中,人力资源管理应该承担哪些任务以及如何承担这些任务的分析上(Ulrich,1997;Walker,1995;Peters,1997;Kenneth,1999)。

1997年,Ulrich从人力资源功能价值评价视角出发,将企业人力资源管理的主要功能划分为四种基本类型:战略性人力资源管理、组织变革管理、员工贡献管理和企业基础设施管理(见图3.6);而人力资源管理的角色也被划分为战略伙伴、变革代理人、员工发言人和行政管理专家四种。Ulrich认为,这四种角色并非同时并存于同一组织内,而是分别存在于不同类型组织中。只有当人力资源管理能在组织中充当起战略伙伴和变革代理人角色时,组织人力资源管理的性质才是战略性的。Ulrich的观点得到了多数人的赞同,并成为评价组织人力资源管理职能是否发展到战略性人力资源管理阶段的关键标准。但由于研究方法和结论主要是基于理论推演和规范性研究得到的,因此也遭到了广泛的质疑[①]。

```
                              长期性
                               │
        战略性人力资源管理      │    变革和变化管理
          (战略伙伴)          │     (变革代理人)
        strategic partner      │     change agent
 流程 ─────────────────────────┼───────────────────── 人
        公司基础设施管理        │    员工贡献管理
         (行政管理专家)        │    (员工代言人)
       administrative experts   │   employee advocator
                               │
                              短期性
```

图 3.6   人力资源管理主要功能的四种类型

① 所谓主流人力资源管理角色分析的内在逻辑,是指大部分研究都是按照战略性角色、功能性角色和一般事务性角色的层次来展开研究(Wiley,1992;Kochan和Dyer,1993)。

　　此后,分析焦点聚焦到了对人力资源管理实践进行检验。参与组织战略管理、促进组织变革发生,以及对组织进行开发成为人力资源管理的主要责任(见表 3.1)。

表 3.1　战略性人力资源管理的主要任务

职能类型	任务内容	行为模式
战略性人力资源管理	将人力资源战略及实践与商业战略整合在一起	将当前人力资源管理实践和组织目标最大化地整合(Conner 和 Ulrich,1996)。 设计能够支持组织目标的人力资源政策和实践(Cabrera 和 Cabrera,2003)。
变革和变化管理	帮助组织构建变革的能力	执行和管理组织变革,开发组织变革能力并克服对组织变革的抵触(Ulrich,1997)。
员工贡献管理	表达员工利益,关心员工需求	与高层管理者和员工合作,定期与员工沟通其意见、需求和需要(Conner 和 Ulrich,1996)。
公司基层设施管理	设计和传递有效的人力资源流程	关注人力资源活动的效率,比如在招聘、培训和绩效考核中的成本/利润(Huselid 等,1997)。

　　相比于西方主流研究偏好于将参与战略管理的程度作为分析人力资源管理任务的逻辑基点。我国学者陈忠卫等人(2006)在迈克尔·波特的价值链理论上构建了一个全新的概念模型(见图 3.7)。从模型结构看,人力资源管理的任务被划分成了三个部分,即战略支持类任务、传统 HRM 任务和着眼于组织能力开发的任务。这一分类标准突出了人力资源管理在知识管理和能力开发方面的潜在价值,吻合了一些研究者(Devanna,1981[1];Eisenstat,2010[2])主张从更广泛的视角对人力资源管理的战略价值进行重新认知的最新趋势。

　　虽然人们开始尝试从更大的范畴对人力资源管理职能的战略角色进行

---

[1]　Devanna 认为,战略性人力资源管理活动主要包括战略性任务、管理性任务和操作性任务。
[2]　Eisenstat 认为,公司人力资源管理的最主要职责应该放在促进组织学习和推进创新在组织内不同部门的扩散。

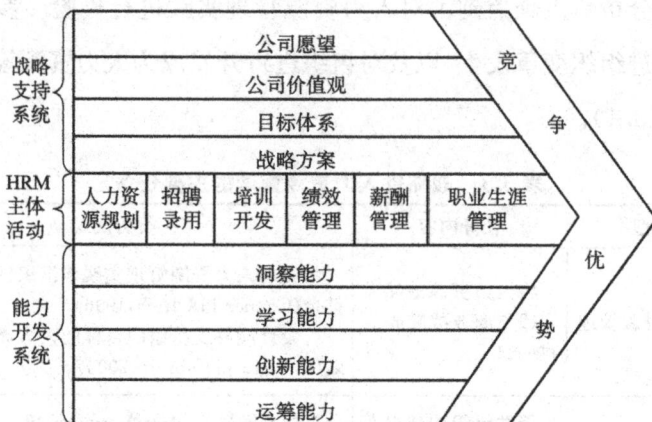

图 3.7　基于价值链理论的人力资源管理职能模型

探索且取得了不俗的成绩,但对人力资源各角色下的子角色类型以及子角色之间的关系问题还缺乏充分界定。造成这一现状的部分原因在于人们尚未对人力资源管理战略角色的表现形式和实现路径彻底理解。

事实上,人们对于战略性人力资源管理角色的概念范畴和角色关系并没有达成统一认知,导致时常混淆人力资源管理职能任务、人力资源管理部门任务与人力资源管理人员任务。由于组织结构重组、组织竞争战略转型(从单纯的竞争关系转变为竞合关系)及技术变革等的影响,传统上由人力资源管理部门独立完成人力资源管理事务的工作方式(即人力资源管理配置方式)发生了极大的变化:一方面,第三方独立机构(人力资源管理服务提供商)不断参与组织内部人力资源管理活动过程,承担起大量常规性工作内容,有的还拓展到一些并非完全意义上的人力资源管理服务领域(如组织人力资源管理监管等);另一方面,为了增强对外部环境的应对能力,提高组织柔性,行政性人力资源管理任务被下放到业务部门,由业务经理来完成(即业务经理成为人力资源管理者)。与此同时,组织间竞合关系的发展使共享人力资源服务中心得以兴起,并逐渐成为组织人力资源管理服务传递的新途径。在这样的情境下,企业内部人力资源管理职能的职能边界呈现出扩大化和模糊化趋势,但就人力资源管理部门与人力资源管理人员而言,其任务边界却在逐渐缩小。因此,当组织人力资源管理职能的配置方式多元化之后,人力资源管理角色的任务范畴就发生了变化(见图3.8):不仅包括组织边界内人力资源管理部门的任务范畴和业务经理的人力资源管理任务范畴,而且包括组织边界外人力资源服务供应商的任务范畴和共享人力资源服务中心的任务范畴等。

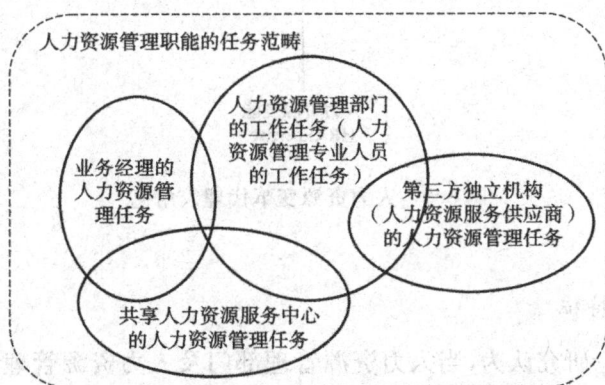

图 3.8　人力资源管理的任务范畴及各部分关系

综上可知,进入战略性人力资源管理阶段企业人力资源管理职能的任务内容与实现途径发生了本质变化,一些常规的、行政管理事务被外包或者下放,人力资源管理职能开始转向变革管理、知识管理和组织开发等。

2. 胜任力特征

对于人力资源管理专业人员扮演战略伙伴角色所需的能力要求,已经成为战略人力资源管理研究的一个重要议题。研究者不仅关心人力资源管理人员在新任务的完成中需要具备哪些知识结构、能力要素,更关注对其行为模式的解构。图3.9从两个维度(人力资源干预变革的范畴,以及业务人员对人力资源管理功能认同程度)针对变革代理人的行为特征进行了描述。

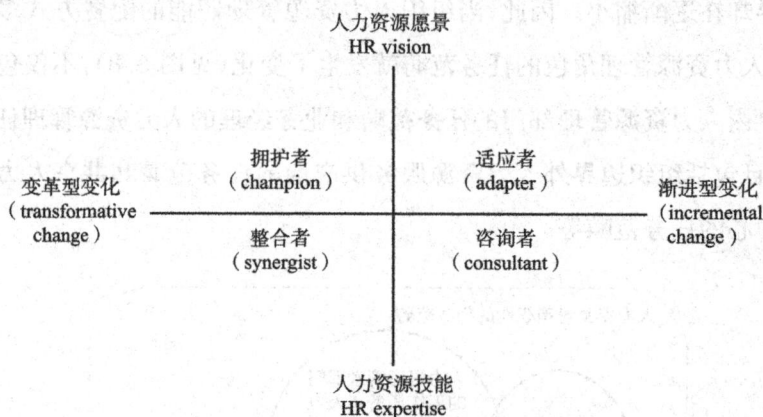

人力资源愿景
HR vision

	拥护者 (champion)	适应者 (adapter)	
变革型变化 (transformative change)			渐进型变化 (incremental change)
	整合者 (synergist)	咨询者 (consultant)	

人力资源技能
HR expertise

图 3.9 人力资源变革代理人角色

3. 关系特征

虽然理论研究认为,当人力资源管理部门及人力资源管理专业人员承担起组织战略管理和组织变革管理等核心任务后,其在组织中的声望和地位都将达到一个前所未有的高度。但针对美国企业及欧洲企业的实证研究却显示:即便参与了组织战略管理的相关活动,大多数企业的人力资源管理部门并没有达到这一理想状况。甚至在将一些常规的、行政管理事务通过外包、授权等方式交予第三方独立机构或业务经理承担后,人力资源管理部门及其管理人员反而遭遇到了严重的职业危机。造成这一悖论的原因,一方面与人力资源管理者的能力、业务经理的人力资源管理能力、组织配置人力资源管理实践的方式、组织战略类型等内生变量高度关联;另一方面也与组织技术特征、组织制度环境等外生变量密切相关。其中,组织配置人力资源管理实践的方式被认为是影响人力资源管理者组织地位的一个关键因素。人力资源管理实践配置模式一般可以划分为三类：

（1）传统模式。即由企业人力资源管理部门和人力资源管理人员完成相关事务，并对服务传递和制度设计等负责。

（2）契约模式。人力资源管理部门通过契约安排，依靠外部供应商来提供相应服务的模式。

（3）关系模式。人力资源管理部门与外部供应商之间形成长期合作伙伴关系，为企业提供定制化服务。Lepak 认为，在传统模式下，人力资源管理者的组织地位普遍较低；而在契约模式和关系模式下，如果组织人力资源管理的成熟度较高，则其组织地位具有上升的可能。

综上可知，不同阶段下的人力资源管理职能角色在任务特征、关系特征和胜任力特征三个维度上存在结构性差异（见表 3.2），同时人力资源管理职能角色的变化不仅表现为角色类别的增减，而且也表现为角色内部结构的裂变分化。不应该割裂看待上述两种变化，相反，需要将两者相关性对待。

表 3.2　不同阶段下人力资源管理职能角色的结构演化

维　　度	阶段特征表现		
	任务特征维度	关系特征维度	胜任力特征维度
人事管理阶段	人事管理部门主要负责一些常规的行政性管理事务，如员工福利管理、薪酬管理、工作记录、员工培训与考勤等	人事管理在组织中的地位普遍偏低，被视为价值链中的辅助性部门，依附于业务部门而存在	绝大多数企业人事管理岗位没有任职资格标准。人事管理人员一般由车间管理者或其他职能管理者转岗而来
人力资源管理阶段	人力资源管理的工作内容开始出现分化，一部分传统行政管理活动开始由业务部门承担，如员工招聘、培训管理等。为业务部门提供咨询、充当顾问和进行信息处理与沟通等工作开始变得重要	人力资源管理职能仍然处于组织边缘地位，但努力通过向业务部门提供服务的方式受到重视。同时，极少数企业开始将人力资源管理作为组织战略管理的重要参与者，人力资源管理者有了一定声誉	行业协会和企业都对人力资源管理岗位提出了较为明确的专业资格要求。行政管理能力、沟通能力等成为岗位任职的基本标准。职业资格标准在行业内获得了广泛推广

续上表

维　度	阶段特征表现		
	任务特征维度	关系特征维度	胜任力特征维度
战略人力资源管理阶段	人力资源管理部门开始承担战略管理、知识管理和组织变革管理等活动。行政性管理事务主要由人力资源管理外包服务商和业务部门共同负责	人力资源管理职能在组织中的地位存在分化。一方面,作为战略伙伴参与组织变革管理的价值得到了理论上的认可;另一方面,在实际管理中,人力资源管理的组织地位仍然较低,没有获得相应肯定	行业协会和企业对人力资源管理岗位的任职资格提出了更高的要求,商业素养、业务专才、战略敏锐性、组织洞察力等胜任力标准得到了重视,并开始成为选拔人力资源管理者的重要因素

第四章

组织间关系视角下人力资源管理跨边界角色

伴随人力资源管理职能的演进，人们逐渐意识到人力资源管理角色问题的分析不应该局限于组织边界范围之内。组织间人力资源管理实践形态越来越复杂，使得人力资源管理职能不仅承受来自组织内部的期望，而且受到其外部利益相关者的密切影响。因此，剖析组织间人力资源管理职能业务形态的现状及其发展，对于整合理解人力资源管理角色具有现实意义。

本章以跨组织边界视角下组织间关系为研究起点，将人力资源管理角色的分析层次由组织内部延展到组织间层面。从组织间关系的结构特征及其发展动因入手，探析组织间人力资源管理业务形态的主要构型，诠释组织间人力资源管理业务催生人力资源管理跨边界角色的生成机理，解析了人力资源管理跨边界角色的结构特征。

第一节　跨组织边界视角的组织间关系

自 20 世纪 80 年代起,组织间关系成为横跨经济学、战略管理学和组织管理学等交叉学科领域的共同主题(王作军、任浩和田颖男,2008)。组织间关系问题源于对企业边界的诠释。意识到组织的生存与发展不仅与其自身有关,也取决于与其他组织之间的关系和相应的应变能力之后(刘洪,2004),大部分企业的人力资源管理职能向组织边界之外拓展,并最终衍生出组织间人力资源管理。

一、跨组织边界的组织间关系类型

伴随对企业本质的深入认识,人们发现企业外部关系的复杂性和多样化会影响企业的竞争优势。当前,不同企业之间在各个环节展开竞争与合作,相伴而生的企业关系网络中的经济行为和社会行为激发了研究者的高度关注。

由于理论视角的不同,对组织间关系现象的认识并没能达成一致。从关系一词的词源看,组织间关系具有多重含义,其具体内涵取决于使用的条件。有研究者认为,任何组织都和其他组织之间存在关系,包括从强制性的供应链关系到战略联盟之间的任何关系形式。也有学者主张,当两个或多个组织能够从相互交往中获得好处时,组织间关系才得以形成。显然,后者将基于资源需求而形成的相互依赖界定为组织间关系的本质。

对于组织间关系是如何产生的,交换理论认为,组织间关系源于拥有较强势力的一方,通过迫使或引诱另一方进行相互交换,并以牺牲对方利益来实现自我目标(Geutzkow,1966;Schmidt 和 Kochan,1972;Aldrich,1976)。但因无法充分诠释在交换过程中存在的双边权利分配不均的现象,交换理论的观点遭到了质疑。为此,资源依赖视角主张:获取异质资源的动机是驱使组织间关系形成的重要原因。然而资源依赖理论也不能完整阐述组织间关系的复杂性。对此,王作军等人(2008)将组织间关系界定为以共享的战略性资源为基础、以信任和承诺等为核心、突破企业边界形成网络形式的企业组织间相互依存、相互作用的方式和状态。

关于组织间关系的类型划分也存在不同看法。新经济社会学借助网络分析范式强调用社会测量图——即将单个企业表示为节点、企业与企业之间的关系表示为长短不一的线段来解释企业的社会关系结构及其差异。Contractor 和 Lorange(1988)从治理角度出发,将组织间关系描述为一个连续体,位居最左边的是独立公平竞争关系(或市场治理关系),最右边的是整合关系(或官僚层级治理关系),其他关系(统称为合作关系)居于两者之间,每种关系都因合作程度不同而偏向左边或右边。

M. Bensaou 和 N. Venkatraman(1995)针对美国和日本汽车制造商和零部件供应商的实际状况进行分析后,从组织间信息处理需求和处理能力的匹配状况维度将组织间关系划分为疏远关系、电子化控制关系、电子化相互依赖关系、结构化关系和相互调整关系五种类型(见表4.1)。

表 4.1 美、日汽车行业组织间关系的基本类型及其特征

关系类型	主要特征
疏远关系	①基于简单且成熟技术之上的标准化模块市场 ②合作双方并不会为合作关系进行专门投资，彼此之间缺乏信任。一切合作活动的实施、监督和传递都取决于先前制定的书面合同的规定 ③采用结构规范和常规的跨界管理任务，组织间并不会产生过多依赖。信息的交换局限于必要的运营层面。信息交换的频率和渠道极有限
电子化控制关系	①组织面临的环境稳定且简单 ②双方企业的资产专属性较低，相互依赖程度处于较低水平 ③双方企业之间以控制为主，信息交换的频率较低。跨界管理者的主要任务在于对业绩进行监控、解决紧急问题和对契约进行谈判 ④制造商一方对组织间关系具有较强的忠诚度，主要表现在它们愿意和供应商一起分担费用，共担风险、共享利益
电子化相互依赖关系	①汽车制造商与其供应商之间具有较高程度的相互依赖性。双方之间的信息交换非常丰富且频繁。双方工程师等共同工作，一起参与到早期产品的开发和设计过程中 ②跨界管理者面对的是一个高度动态和复杂的环境，需要将大部分时间用于双方之间的合作性任务，如针对未来计划交换意见、为产品的持续改进进行合作等 ③双方之间具有正规的信息交换的渠道和方式，且交换的信息分散在采购、工程、质量控制等各个领域。双方之间均以合作的态度来对待冲突。汽车制造商对组织间关系表现出较高的忠诚度，主要反映在它们积极吸纳供应商加入内部的一些职能中
结构化关系	①市场环境相对稳定，但复杂程度很高，产品定制化作为一种普遍现象存在 ②跨边界管理任务结构化且易于预测 ③供应商与制造商之间通过结构化沟通机制进行信息交流。双方公司员工之间的交流非常频繁，且各部门之间构建了独特的沟通渠道 ④双方之间均是以对抗性的态度对待组织间的问题
相互调整关系	①相互调整的关系构型主要存在于高新科技和技术变革迅速的市场环境中。汽车制造商高度依赖于供应商的技术特性，而供应商也针对制造商开发专属性的产品 ②关系双方具有强烈的相互信任并愿意对某些敏感的信息进行共享

采用关系强度来测量组织间关系也获得了广泛运用。借助关系强度，大致可将组织间关系划分为四类：双边关系、循环关系、主导伙伴关系和离散关系。在这四种类别中，有些关系倾向于合作和开放，但却没有强的经济

联结;有些关系虽然具有很强的经济联结,但在行为上却表现为强制性与不合作。在关系强度视角下,组织间关系通常被看作连续统一体上的不同形态,依照关系的由弱到强,位居两极的分别是契约式安排和长期伙伴关系,其他关系类型则因关系双方在连接数量、连接强度、连接冗余度等指标的不同位居于不同位置。

与从治理或交易的视角不同,Stern 和 Reve(1980)从组织内部政治经济学的视角进行了研究,认为内部经济结构是按照渠道成员之间权力—依赖关系的模式来界定。因此,任何关系结构都是由两个组成部分构成的。其一是经济结构(类型-type),其二则是政治结构(量级-magnitude)。Boyle等人(1992)对供应链条件下组织间关系量级和组织间关系类型的相关性进行了论述,并将组织间关系划分为整合型与独立竞争型两种典型类别。他们认为,通常在整合型类别下,组织间关系的量级比独立竞争型高,但一致性联系并不完全稳定。图 4.1 表示了这种相关性

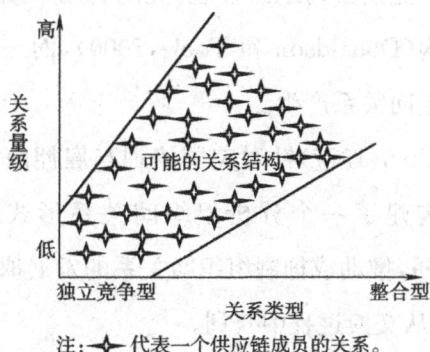

注:━✦━代表一个供应链成员的关系。

图 4.1　关系结构两维度之间的相关性

虽然可以将组织间关系划分为不同类别,但本质上都是企业职能溢出组织边界后,在企业之间形成的一种关系状态。从某种意义上看,组织间关系折射了企业职能在组织边界内的形态。

二、组织间关系演化的动因和特征

任何组织间关系都会随着时间不断发生变化,其变化与发展来自多方面的原因。行为学家侧重于对交换过程中的社会变量(如信任、承诺、合作和公平等变量)展开探讨,经济学家倾向于剖析交易内容的形式或结果(Bill和 Tom,2000)。

(一)组织间关系演化的动因

一般认为,组织间合作是基于资源交换的需求。对稀缺资源的需求成为推动组织开展外部合作的重要动因,也直接影响到组织间关系类别。当组织不能感受到交换带来的好处时,交换关系将无法形成或可能终止。组织间关系的形成还与价值链中的权力和控制密切相关。对组织而言,最有效的关系将是那些既能使公司维持独立,又能利用市场和控制来获取另一方合作者权力的结构(Donaldson 和 Toole,2000),而一方对另一方施加权力则很有可能导致逆向关系产生。

Schmidt 和 Kochan(1977)针对美国培训与雇佣服务机构与社区组织之间关系的不同,构建了一个分析组织间关系形式及转换的模型(见图 4.2)。该模型表明,推动或抑制组织间关系的发展取决于双方在权力上是否对等,以及能否从交换过程中获利。

从知识管理与组织创新的视角来看,组织间关系的形成与发展根植于不同组织对共享知识、信息等互补性资源的相互依赖,而这些资源存储于关联组织的不同层面(个体层面、群体层面和组织层面)。因此,需要组织授予各职能单位自治的权力。各职能单位的自治为企业内部市场化提供了保障,同时也为组织间关系的构建提供了实现途径。与此同时,关系网络增加

雇佣服务公司获利程度

	高	低
高 社区组织获利程度 低	象限Ⅰ： 双边同等获利，组织双方自愿交往的意愿高，可以预见的交换频率较高	象限Ⅱ： 社区组织从相互交往中获利，而雇佣服务公司并不能获利的一种不对称状况；双方交往主要受到社区组织依靠强制力量来推进
	象限Ⅲ： 雇佣服务公司从相互交往中获利，而社区组织并不能获利的一种不对称状况；双方交往主要受到雇佣服务公司依靠强制力量来推进	象限Ⅳ： 没有或很低的相互依赖；因此双方之间没有或仅有很低的相互交往

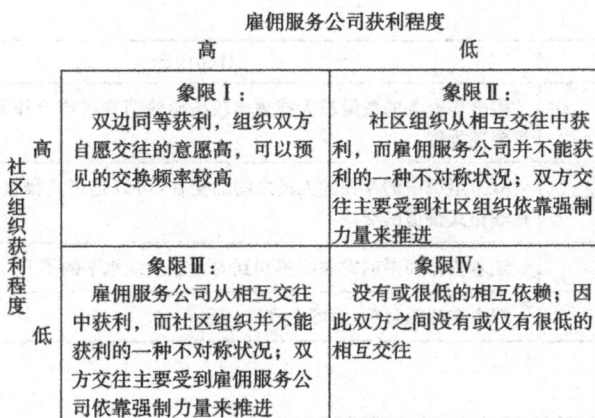

图 4.2 组织间交互作用的不同条件

了搜寻、内化外部知识的可能性，有利于组织创新的实现。通过更为开放的外部联系，组织极有可能发现新的机会。不过，双方拥有的技术特征的不同（技术转移的意愿、技术知识的显性与隐性程度等），组织在吸收、同化和包容外部知识上能力的不同，以及管理水平的不同都会影响到组织间关系的发展和维持（Ritter 和 Gemuenden，2003；Cohen 和 Levinthal，1990；Dahlander 和 Magnusson，2008）。

概况来说，组织能力、预期利益、制度约束、合作历史、重要性、人际关系交往、组织绩效和战略一致性是影响组织间关系不断向整合型组织间关系发展的主要因素（见表 4.2）。

表 4.2 推动组织间关系发展的八类动因

动　因	具体内涵
组织能力	合作一方拥有另一方所期望或需要的资源或能力
预期利益	公司感受到加入某种关系后可以获得的好处，如销售额的增加、获得某项技术等
制度约束	来自组织之外的其他制度因素对组织间关系的影响，如某些新出台的法律、法规会迫使企业与某些组织之间缔结合作关系
合作历史	组织之间曾经有过成功或失败的合作经历，从而对当前关系的维持和发展带来影响

续上表

动　　因	具体内涵
重要性	因合作业务的数量较大或频率较高而使消费者或合作另一方感知到的重要性程度
人际关系交往	双方组织中的存在的人员之间的交往,可以是正式渠道的交往,也可以是非正式渠道的交往
组织绩效	随着合作关系的发展而感知到的企业业绩水平的提升
战略一致性	双方在战略目标、意图上高度一致

(二)组织间关系演化的主要特征

没有一种组织间关系适合于所有情境(Day,2000;Lambert,Emmelhainz 和 Gardner,1996;Mentzer,Min 和 Zacharia,2000),任何组织间关系都不会处于静止不动的恒定状态。伴随组织环境的不断变化、企业各方投入资源的调整,以及治理方式的更迭都会推进或改变组织之间的关系。理解组织间关系演化的基本特征不仅有利于预测合作一方可能采取的行动,而且也有助于帮助企业在构建合理的组织间关系时采取适宜的对策。

由于运营环境的独特性,每一种既定的组织间关系都会在不同动因的影响下沿着差异化路径演化(Lambert,Emmelhainz 和 Gardner,1996)。但从一般规律来看,组织间关系的演化通常会经历从浅层面的竞争向深层次竞合、从简单的资源互换到复杂的能力整合的发展过程。

最初,组织之间的联结状态往往是蝴蝶结形式,即组织之间仅仅在某一个点或界面上发生联系(一般为销售或采购环节),合作双方的大部分功能仍然处于彼此分离的状态(Marie 和 Alan,2006)。此时的组织间关系不足以对组织内部机制产生过多影响,而组织对组织间关系的依赖也非常有限,基本上维持在有效获取外部稀缺资源的简单思维层面,不会对关系治理投入过多精力。

随着双方在联结点上的合作取得预期成果,合作双方可能会尝试在更多节点或界面上展开合作。此时,参与合作的人员的数量会持续累加,且合作内容较前一阶段有所扩充,导致双方在多个节点上形成扇面联结。

如果双方的合作继续取得了成功,则组织间关系将沿着特定路线发展,最终进化到钻石型联结关系层面上。在钻石型情境下,合作双方的绝大部分功能和业务会在不同层面相互交织(Kanter,1994),跨功能、跨层面、跨组织边界的协调活动将变得错综复杂。此时,组织需要设立专门的部门和指派专业人员对组织间关系进行治理,而这时的组织间关系也会对组织内部职能形式的演变产生重要影响。相反,如果双方在"扇面"联结的演进过程中遭受失败,或者一方违背协议导致合作受损,那么组织间关系将有可能回到蝴蝶结联结的阶段,抑或完全停止合作。

因此,并非所有组织间关系都能顺利地沿着从蝴蝶结向扇面、再由扇面向钻石型方向发展。从高到低的倒退现象与跃进式发展也会交替出现,并导致组织间关系发展的多样性和复杂性。

第二节　组织间人力资源管理业务形态的演变

进入 20 世纪 80 年代,日趋激烈的竞争让越来越多的企业感受到变革的迫切性。为了变得更加柔性、精简和富有竞争力,组织竭力将其人力资源管理基础设施外部化,或者通过建立各种组织间安排来实现战略目标。组织间业务形态的出现冲击着企业内部原有的人力资源管理职能模式,促使人力资源管理业务在不同层次上(组织间层次、组织/战略层次、部门/业务层次)重新整合,并最终导致整个企业的人力资源业务形态发生演变(见图4.3)。

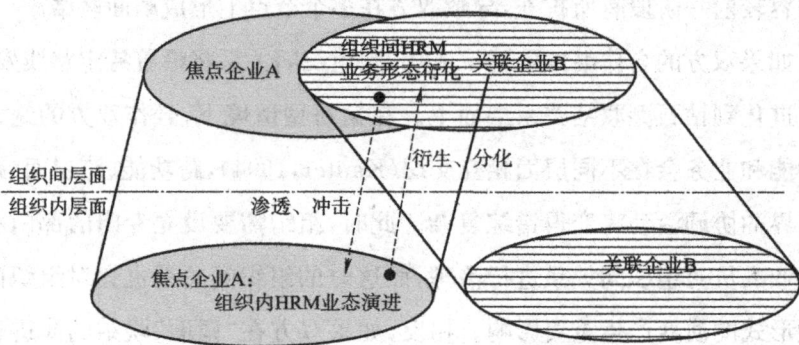

图4.3 人力资源管理业态在组织间层面和组织内层面上的演化关系

一、组织间人力资源管理的概念及其理论解释

(一)组织间人力资源管理的概念

由于组织越来越关注于核心活动,传统意义上由组织内部承担的功能开始外部化,最终促成商业服务的快速成长。所谓组织间人力资源管理,一般是指在两个或两个以上的组织之间进行交换、流动和关联的人力资源管理。因此,也可以将组织间人力资源管理称为超组织人力资源管理(李新建,2011)。

由于组织间人力资源管理业务形态复杂,难以从单一视角对其做出准确界定。一般而言,通过整合运用外部化与内部化人力资源服务配置方式后形成的、在两个或多个组织之间发生的人力资源交换(派遣)、人力资源共享和关联人力资源管理活动(人力资源业务外包)等管理实践形式都可以称为组织间人力资源管理。组织间人力资源管理业务根植于组织间关系构型,反映了组织在人力资源服务传递方式上的差异性选择。

(二)组织间人力资源管理的理论解释:供应链理论与社会资本理论

对于组织间人力资源管理实践产生的根源,供应链管理和社会资本理论给予了较多解释。

1. 供应链理论的解释

依据供应链管理专业协会的解释(CSCMP,2010),供应链管理本质上是对公司内和企业之间的供应和需求进行整合管理。所以,供应链问题是指发生在某一焦点企业内部和其供应伙伴之间的关系问题。

虽然供应链管理研究非常丰富,但较少应用在组织间人力资源管理问题上。在复杂动态的商业环境下,充分利用外部顾客及供应商资源的杠杆效应来增加附加价值的实践方式对组织竞争非常有效(Lengnick-Hall 和Lengnick-Hall,1999;Schuler 和 Jackson,2005)。人力资源管理作为一项组织职能,其服务的提供与需求已延伸到组织边界之外。许多公司不断放弃传统官僚结构形式,取而代之以网络关系(抑或社会关系)来替代官僚层级结构中的正式协调(Foss 等, 2011),通过围绕流程或能力而非功能、产品和区域来设置公司(Siggelkow 和 Rivkin,2005),使得组织边界不断扩大且日趋模糊。为了确保组织具备开展合作、实现成本效益和满足附加价值增加的能力,组织对人力资源管理功能本身的服务传递渠道结构、人力资源管理实践和人力资源管理效果进行监督与测量的需求也变得非常迫切。所以,组织供应链形态的变化必将导致人力资源管理职能形态发生变化,促使人力资源管理者需要承担更多跨组织边界活动的管理责任。反过来,组织间人力资源业务的管理效果也会对组织间信任关系产生重要影响。以跨国公司为例,人力资源管理职能在跨国公司内部不同职能、区域、国家和文化边界间形成的合作和竞争,以及在全球价值链整合中占据的节点位置对跨国公司绩效具有深远影响(Jacob Hoogendoorn,1992)。

2. 社会资本理论的解释

从1991年至1995年期间,社会学、经济学和相关学科在社会资本理论方面的研究成果远超过之前任何时期;到2000年前后,该领域成果呈现出井喷迹象。此后,社会资本概念被广泛运用于对社会和经济现象进行解释。

人们往往笼统地将基于个体或组织之间关系并主要通过关系网络来获得的资源看作社会资本(Nahapiet和Ghoshal,1998;Moore等,2005)。虽然这种基于位置来界定社会资本特征的做法遭到了广泛质疑,但仍然是对社会资本概念界定的最普遍形式。在此基础之上,也可以将社会资本简单地按照二元对比维度进行划分,比如个体—群体(Cox和Caldwell,2000)、积极—消极(Portes和Landolt,1996)、结构—认知(Uphoff,2000)、微观—宏观(Grootaert和Bastelaer,2001)等。

从概念的基本特征来看,组织间关系与社会资本之间具有天然的内在联系。组织层面形成的各种社会资本,如社会联结、信任、规范和资源的数量与质量等不断成为研究组织间合作、知识创造和积累、创新等的重要工具(Kawachi等,2008;Carpiano和Hystad,2011;Moore等,2011)。在过去的十年间,针对社会资本与人力资源管理关系的研究也逐渐发展成为新的子领域,为人力资源管理研究提供了新视角,也为解释组织间人力资源管理和知识分享等诸多现象注入了新的思想。

当前,在新的竞争环境下,通过人力资源管理实践来管理组织社会资本变得非常重要。研究表明,人力资源管理实践是社会资本治理中一个潜在的工具,通过它组织才能有效地开发社会资本的深度和内容(Kang,Morris和Snell,2007;Leana和Van Buren,1999)。反之,组织社会资本对人力资源管理实践的扩散和发展也具有深远的影响。在不同的组织情境下,不仅组织的社会资本结构会有所不同,而且组织的人力资源管理实践形式也呈现出某些稳定特征,其后续发展将明显受到组织社会资本特征的影响。因此,将人力资源管理实践整合到组织间关系及组织内关系框架中去研究具有非常重要的意义(Cittell 等,2000),也为组织理论研究突破提供了可能(Lengnick-Hall 和 Lengnick-Hall,2003)。

2000 年,Kessler 等人在社会资本概念上提出了人力资源部门社会资本的观点,并将之划分为两个部分。其中,人力资源管理部门办公地点的选择、人力资源管理部门在组织结构中的位置等构成了人力资源的结构性社会资本;而人力资源管理者与 CEO、业务经理之间的私人或工作关系则组成了其关系性社会资本,两种社会资本对人力资源管理职能及其角色发展都具有显著影响,但影响机制略有差异。与之相似,Sunghoon 和 Seongmin(2011)将人力资源社会资本划分为三个维度,分别是结构性嵌入、关系性嵌入以及共享性认知框架。研究表明人力资源部门的社会资本将对其职能演化产生重要影响。

综上可见,从社会资本理论解释组织间人力资源管理业务的内在特征及其演化形式同样具有合理性。

二、组织间人力资源管理的业务形态

当前,鲜有围绕组织间关系的人力资源管理业务形态的探讨,一方面这与组织间人力资源管理业务形态的多样性和复杂性相关,另一方面也是因为相关话题的研究尚不成熟。

Beaumont,Hunter 和 Sindair(1996)主要从员工关系视角对组织间人力资源管理业务进行探讨。他们认为,组织间关系特征将直接影响到员工关系变革在不同的、单一组织边界之间扩散的程度。组织间关系的影响主要包括两个途径：其一，顾客公司通过采用审计机制等正规流程对供应商组织人力资源管理实践形式进行直接控制；其二，顾客公司不断提出新的期望和要求，依靠资源和信息共享，并辅以采用正规的审计机制间接促使供应商组织按照相关标准改善其实践形式。沿着 Beaumont 等人的分析框架，后续研究者探讨了组织所有权形式、组织规模和技术特征等变量对组织间关系下人力资源管理实践的影响（Hunter 等，1996；Millward 等，1992；Womack 等，1990）。

按照雇佣关系是否发生变化这一原则，组织间人力资源管理实践的基本形态可划归为两类：一类是雇佣关系未发生变化的业务形态，如人力资源职能外包和人力资源共享；另一类则是雇佣关系发生变化的业务形态，主要包括劳务派遣和人力资源分包。当然，也可以从人力资源实践传递方式特征出发，将组织间人力资源管理形态划分为长期伙伴和契约安排两类。

基于对组织间关系的文献梳理，劳务派遣制用工、人力资源职能外包和人力资源共享既是组织内人力资源管理职能的发展趋势，同时也会成为组织间人力资源管理业务的典型形态，它们充分体现了由契约安排到长期伙伴关系转变过程中人力资源管理业务形态的可能性。

（一）劳务派遣制用工

劳务派遣制用工是典型的基于企业间关系的人力资源外获行为，也是争议较大的一种非典型雇佣形态（时博，2010）。进入 20 世纪 90 年代后，西方企业派遣用工规模快速扩大，明显超过了传统用工及其他非正式用工方式的增长。在我国，派遣用工形式主要集中在低端就业人群和被动择业领域（王小庄等，2010），通常由派遣机构集中招募和雇佣人员，由派遣机构统一安置到用工企业进行工作（李新建等，2011）。派遣员工与用工企业方签订用工合同，而与派遣机构一方签订雇佣关系合同,因此是一种间接雇佣形式。

　　当前派遣用工形式的研究仍然集中在劳动关系协调、组织身份认同等方面。对于如何将这一外部人力资源与组织内部人力资源进行整合,并统一配置到生产管理过程的相关研究并没有获得充分的讨论。时博(2010)对劳务派遣的配置模式与组织制度构型间的关系进行了探讨,依据技术与管理特征的不同将派遣用工方式划分为四类(见图 4.4)。在这四类派遣用工形式中,企业都会面临一个关键问题:对所有员工是贯彻一致化的管理,还是实施有差异的管理原则。

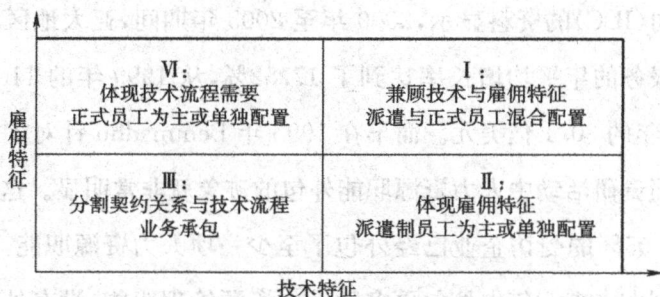

图 4.4　基于技术和管理特征的派遣员工方式

　　对于劳务派遣等柔性用工方式为什么会产生,在整合与学习视角、获取与合法性视角,以及歧视与公平视角下的研究成果较多。Lai,Soltani 和 Baum(2008)以酒店服务业为例,分析了该行业所具有的劳动密集型及季节性用工等特征,探讨了采用雇佣代理方式为酒店提供派遣员工所面临的挑战。类似研究都表明劳务派遣用工方式不仅非常普遍,也会对组织原有的人员配置模式产生深远影响。

(二)人力资源职能外包

　　外包作为一种管理实践模式,最早兴起于 20 世纪 60 年代的美国,并随着 1990 年 Hamel 和 Prahamad 发表了著名的《企业的核心竞争力》一书而得到普遍关注。组织将业务交由外包公司打理,从而减少了因自身能力缺陷可能遭遇的管理风险,同时通过将更多精力专注于关键业务继而赢得核心竞争力。据 NASSCOM 数据显示,2015 年全球服务外包市场规模达1.2 万亿美元,同比增长 0.4%,其中离岸服务外包达 1600 亿美元左右,同比增长 8.5%。全球服务外包成为世界贸易增速低于全球 GDP 增速背景下的重要提振力量(朱福林,2019)。

人力资源职能外包是外包实践在人力资源管理领域的具体应用。据国际数据公司(IDC)的资料显示,2000 年至 2005 年期间,亚太地区人力资源外包管理服务的年平均增长率达到了 17.52%,从 1999 年的 11.4 亿美元增至 2005 年的 30.1 亿美元。而早在 1995 年 Benimadhu 针对加拿大公司开展的一项调研活动中人力资源职能外包的迹象就非常明显。这份调研报告指出,约 95% 的受访企业已经外包了至少一项人力资源职能,55% 左右的企业计划在未来 5 年内外包更多的人力资源管理职能,没有外包打算的企业占比不足 8%。

20 世纪 90 年代初期,人力资源职能外包主要集中在一般事务性活动上,如员工培训管理、员工福利管理及人力资源信息系统管理等低层次职能活动方面。进入 21 世纪后,人力资源职能外包不仅在支出经费和数量比例上呈现出量的增长,而且在质的方面也有显著变化。那些与组织战略高度关联的业务——人力资源规划、组织开发、绩效评估和工作设计等被相继纳入人力资源外包业务体系。从理论上讲,任何人力资源管理活动都可以借助外包服务商提供服务的方式来进行配置(Adler,2003)。当然,人力资源外包活动在不同国家中的差异较大(Smith 等,2006),如美国企业主要将健康护理和工资等行政管理任务进行外包,在俄罗斯和希腊企业主要将招聘、人力资源信息系统和培训等业务外包（Galanaki 和 Papalexandris，2005）。我国学者刘川（2010）对人力资源管理外包业务形态与交易模式进行分析后发现，西方大型企业在人力资源职能外包管理方面，基本上已经度过了一个由基于契约交易的关系管理阶段向着力于构建双边信任与互惠的长期合作的伙伴关系管理阶段的发展过程；相比之下，我国人力资源管理外包服务产业起步较晚，涉及的风险管理与外包绩效管理等问题都还有待提升。

人力资源管理职能外包对发包企业产生了深远的影响。从宏观层面来看，由于任务外包属性的多样化以及企业对不同任务外包需求的差异，发包企业往往需要针对不同的任务外包选择与之匹配的服务供应商，从而造成多维供应商网络的形成（Hui 和 Tsang，2006）。对多维供应商网络进行有效治理成为发包企业管理工作面临的一个重大挑战。从微观层面来看，职能外包的深化（从量变到质变的过程）促使发包企业人力资源管理部门及其管理人员工作重心发生转移、工作任务面临调整。人力资源管理者必须重新思考——如何在新的业务形态下承担职能转型衍生出来的一系列新任务和新角色，而跳出在组织边界内进行角色定位的思维定式将是值得尝试的可行路径（Ian，2010；Rainnie，1989）。

我国学者张帆（2007）指出，如同企业边界具备不稳定性特征，在人力资源管理外包、人力资源管理战略和人才租赁等因素的影响下，人力资源管理的边界体系开始呈现向外推移的趋势。具体而言，一般性事务的外包和对战略性业务的归核化将会带来人力资源管理职能边界的扩大；而人力资源管理权力的下放和业务外移都会使相关职能部门管理人员承担更多的人力资源管理任务，从而在本质上扩大了人力资源管理的部门边界；其次，由于人才租赁和劳务派遣等组织间人力资源活动的产生，传统组织人力资源管理部门的管理对象延伸到了其他关联企业的边界内。无疑,张帆对于人力资源管理边界体系的观点为我们重新理解外包产生的组织间人力资源管理角色问题提供了思路。

(三)人力资源共享

人力资源共享是在雇佣关系属性不改变的前提下,企业之间共用彼此的人力资源或联合雇佣人员的一种组织间人力资源管理业务形式。由于战略联盟需要来自不同企业员工的相互参与,因此人力资源共享与战略联盟之间的关系首先得到了研究者的关注。

战略联盟与人力资源共享的相关问题之一,是如何治理不同组织人力资源及其管理系统造成的冲突和矛盾,即标准化和差异化之争。Estrada等人(2013)指出,在开放性的多伙伴研发联盟中,为了完成产品开发,在伙伴层面与伙伴间层面上都需要实现人力资源管理的匹配,而这一双边匹配形式与传统战略性人力资源倡导的在一个组织内实现横向匹配与纵向匹配具有一定差异。Estrada进一步指出,在多个伙伴企业形成的研发联盟中,人力资源管理匹配主要是一种关系匹配,即企业必须考虑清楚如何在组织所需的差异化人力资源管理系统与人力资源共享所需的标准化间取得平衡(Dirk,Sarah和Nicola,2006)。事实上,早在1987年Prahalad和Doz就对"标准化"的基本内涵提出了自己的看法。所谓标准化是指对跨组织边界的资源承诺的集中管理。随后部分研究者也论证了标准化与人力资源共享的关系问题。可以认为,所有与人力资源相关的活动都需要依照整体规则来组织;联盟各方成员都需要在人力资源管理系统方面不断进行整合,且这一过程往往需要借助持续的相互沟通和采取共同的技术体系来实现(Estrada等,2013)。

随着理论研究的深入，围绕跨国集团内部企业间人力资源共享问题的实证探讨取得了较为丰硕的成果。普遍的观点是：在跨国公司全球网络体系的形成与发展过程中，实现人力资源共享是其经营管理的关键问题之一，也是跨国公司人力资源管理的主要挑战。对变革的抵制、文化的不相容性，以及差异性的经济和法律环境等都造成人力资源共享的复杂性和艰巨性。而子公司之间人力资源共享程度的不同不仅会影响到工资结构、福利待遇与人员流动，还会影响到新产品开发和产品推广的速度与质量。

与此同时，特许经营模式中的人力资源共享研究也方兴未艾。Gary 和 Roland（2010）的研究表明：在大多数情况下，特许经营网络中的一些业务管理者可能是特许经营人，而另一些则属于特许经营授权公司聘用的雇员。也就是说，特许经营人管理着特许经营单元，而雇员管理着公司所有的业务单元，他们共存于一个人力资源管理体系内。Yin 和 Zajac（2004）在研究中发现，约 75％的特许经营网络中的业务管理者是由特许经营人和公司雇员混合组成，公司在人员配置、培训开发和薪酬方面总是将他们区别对待。通常，因为个人收入和联盟网络的投入及商业机会高度挂钩，特许经营型业务管理者比公司雇员型业务管理者具有更强的创业导向和小型业务导向，对联盟网络具有较低的组织忠诚度；因此特许经营授权一方往往会依据不同的甄选标准来选拔业务管理者，也会采用不同的激励方式来管理业务管理者的绩效。但是，由于特许经营型业务管理者和公司雇员型业务管理者共存于一个人力资源体系内，因此在一定程度上仍然还会共享某些管理实践的形式与内容。

通过对战略联盟、跨国公司、特许经营等多种组织结构形式下人力资源共享研究成果的系统梳理发现：尽管企业在人力资源共享内容上存在差异，但共性也非常明显，比如，关联企业都需要对不同的人力资源管理体系进行权衡,在不同实践体系的取舍中选择恰当的方式。而这对人力资源管理部门及其管理者而言,都将是一个艰巨的挑战。

综上所述,不论组织间人力资源管理业务形态是哪一种,如何将组织间人力资源管理实践整合到组织已有的人力资源管理系统中去,正成为人力资源管理面临的巨大挑战。企业内部人力资源管理业务形态与组织间人力资源业务形态之间的磨合、整合及融合必将成为无法回避的问题。从上述三种组织间人力资源管理业务形态来看,人力资源共享主要出现在长期伙伴型组织间关系情境中;人力资源劳务派遣多存在于独立竞争型组织间关系情境内;而人力资源职能外包则可在"长期伙伴型"和"独立竞争型"组织间关系情境下存在。不过需要注意,组织间人力资源管理业务既可能与其他职能活动(如联合研发、联合营销等)共同催生出组织间关系,也可独立催化出组织间关系。

第三节　人力资源管理跨边界角色

一、人力资源管理跨边界角色:概念及内涵

在既有人力资源管理角色研究中,大多数研究者都是针对组织边界内人力资源职能的地位和角色形式进行讨论(storey,1992;Kelly 和

Gennard,2007)。最为人所熟知的是 Ulrich 提出的四种人力资源管理角色模型：行政管理专家、员工发言人、变革代理人和战略伙伴。然而，随着无边界组织和供应链中人力资源管理业务的兴起，对组织间关系如何影响人力资源政策和人力资源职能地位与声望的研究变得非常迫切(Ian,2010)。恰如学者 Nigel(2009)强调的那样，组织外部市场变革会驱动组织演进，而组织演进是人力资源管理的重要情景，因此战略性外部关系的管理与战略性内部关系管理一样重要。

(一)人力资源管理跨边界角色的概念

组织间关系变化引发的组织职能演化问题主要集中在生产、采购、销售或研发等职能领域，对于人力资源管理职能的影响分析并不多。相关研究成果中，跨边界角色、跨边界管理者、跨边界活动等概念被不断提及，并逐渐成为人们描述组织间业务形态下职能部门新角色的主要术语。其他类似的概念还包括输入传感器、组织与环境的联结钉、看门人、联络人和规范者等。然而这些概念不如跨边界管理者[①]更为人们所熟知。Aiken 和 Hage(1972)对跨边界角色的概念界定获得了普遍认可——跨边界角色即是将焦点组织和其他组织或社会系统联系起来，并直接服务于焦点组织目标的角色类型，这一概念表述对于理解跨边界角色的基本特征有所帮助，但对于跨边界角色行为特征的描述仍然不到位。

Aldrich 和 Herker(1977)认为，分析边界角色的基本理论主要包括两种视角：自然选择模式和战略选择/资源依赖模式。前者强调外界环境约束对行为的影响，后者则强调组织管理者在构造结果时所扮演的积极角色。

---

① 将"跨边界管理者"作为论述组织间人力资源管理业务形态下人力资源管理部门新角色的术语。

在这两种视角下,可从信息过滤与信息收集功能对跨边界角色或跨边界活动进行概念化。具体而论,跨边界活动是指信息在跨越组织边界的个体之间的转移(Keller,1976)。Allen,Cohen 和 Tushman(1992)主张,跨边界管理者是信息流中非常重要的节点,是定期与组织外部人员进行信息交换的人。显然,上述观点都是强调了跨边界管理在信息收集方面的主要作用。

而从学习视角来看,跨边界管理的作用主要体现在管理内部关系、开发外部学习伙伴、标杆和有效扫描内外环境。很明显,学习视角扩大了跨边界管理概念的范畴,丰富了该概念的表达形式及内容。不过当前主流理论侧重于将信息管理作为衡量跨边界管理活动及跨边界管理者价值的标准。

较之定义的概念化面临的难度,识别组织是否存在跨边界角色或跨边界活动的研究结果却比较一致。

判断组织跨边界角色是否存在的标准主要有三项:

(1)花在与外部人员交往的时间比例;

(2)外部合作者的数量;

(3)每个合作者的重要性。

综上来看,跨边界管理具有广义和狭义之分。广义的跨边界管理活动是多维的,凡是那些有助于促成需求达成,有助于与其他组织进行协调,有助于组织发展,在不同组织边界之间开展的必要性活动都属于跨边界管理的内容(Deborah 等,1990)。这里所谓的活动既包括环境信息的收集与整理,也包括组织之间协同完成战略性目标的开发,以及代表组织构建健康的企业形象等。狭义的跨边界管理则主要是指在特定的组织情景下、处于组织界面的个人所从事的与知识(包括信息)扩散相关的、旨在了解其他组织信息的活动过程(Lindgren,Andersson 和 Henfridsson,2008)。

基于文献梳理,将人力资源管理跨边界角色定义为在组织间人力资源管理业务情境下,由人力资源管理部门承担的旨在提高交互活动绩效而衍生的角色行为。与其他职能的跨边界角色一样,人力资源管理跨边界角色同样超越了服务于单一组织的目的,瞄准与其他组织之间的联系(Ancona,1990);但同时又因业务特征不同,人力资源管理跨边界角色的行为模式与角色期望存在自身的独特性。

(二)人力资源管理跨边界角色的功能

Adams(1980)分析了跨边界角色的五种功能,分别是获取组织输入、配置组织输出、搜索和收集信息、代表组织、缓冲来自外部的压力和威胁。也有学者认为依靠跨边界管理活动,组织更能有效实现对内部关系管理、扫描组织内外环境、开发外部学习伙伴和树立标杆形象等诸多作用(Rifkin 和 Fulop,1994)。Dobbin 等人(1993)从组织与外部环境互动关系视角将跨边界角色功能总结为界定外部环境需要(适应环境的视角),对外阐明公司身份,表述组织政策(作用环境的视角),以及在组织领域加速组织意识形态观点的传播(整合环境的视角)。Jennifer(2010)则将跨边界角色作用概括为代表组织、任务绩效协作和一般信息搜寻。代表组织功能主要反映了跨边界角色在获取决策支持、寻求资源和保护组织方面(如合法性与形象等)的作用。按照 Ancona 和 Caldwell 的观点,代表组织的功能往往又被称为使节性活动,它有助于阐述组织期望、构建合作伙伴对组织的印象以及拥护组织权威等。任务绩效协作行为则反映了相互依赖的实体组织为单独或共同完成任务而进行的协调活动。这些协调活动包括双方信息的交换、合作目标的确立、对任务过程进行监督与提供支持等。一般信息搜寻则泛指为了掌握某种具体知识或技能所从事的外部信息的扫描活动。这些行为使得组织能够获得关于如何解决具体问题或完成具体任务所需的关联技能,以及帮助组织理解运营环境的变化趋势(如发展机会、威胁)等。

表 4.3 汇总了跨边界角色功能的普遍性观点。

表 4.3 关于跨边界角色功能的主要观点

研究者	跨边界角色基本功能的表述
Miles(1976)	①代表组织;②扫描环境;③保护组织;④获取信息;⑤进行获得输入和配置产出的交易活动;⑥联结和协作
Aldrich 和 Herker (1977)	①信息处理;②代表组织
Delbecq(1978)	①保护组织避免其受到外部环境压力的影响;②作为组织和环境之间进行信息与物质流动的调节者
Adams(1980)	①获取组织输入;②配置组织输出;③搜索和收集信息;④代表组织;⑤缓冲来自外部的压力和威胁
David(1984)	①信息获取与控制;②界定组织界面和边界;③控制材料输入
Dobbin 等(1993)	①界定外部环境需要;②对外阐明公司身份并描述组织政策;③传播组织的意识形态
Rifkin 和 Fulop(1994)	①有效管理内部关系;②扫描组织内外环境;③开发外部学习伙伴;④树立标杆形象
Jennifer(2010)	①代表组织;②任务绩效协作;③一般信息搜寻

尽管针对人力资源管理跨边界角色功能的直接论述不多,但间接的阐述仍然有迹可循。例如,Hambrick(1981)就曾指出,当人力资源管理者能够更好地应对产业环境的主导性需求时,在战略决策中会更有影响力。Thompson(1967)也认为,对组织而言,要想获得生存和发展,建立一些专门处理组织与环境交易的跨边界单元非常有必要;对人力资源管理而言,要想扮演好战略伙伴的角色就必须承担起跨边界角色。换言之,跨边界角色其实是人力资源管理内部角色无法脱离的另一面。

结合相关成果,人力资源管理跨边界角色的功能主要体现在三个方面:技术层面的一般信息扫描,运营层面的关系维护、任务协调和知识管理,以及战略层面的代表组织(使节性活动)。

二、P-R-T 框架下人力资源管理跨边界角色的结构特征

目前,针对人力资源管理跨边界角色的研究有限,关于该角色特征的分析尤其不足。基于 P-R-T 框架模型,分别从任务特征、关系特征以及胜任力特征对人力资源管理跨边界角色的结构属性进行探索性研究。

(一)人力资源管理跨边界角色的任务特征

作为一种着眼于组织间关系的新角色,跨边界角色可以有效激发团队创新潜能、提升团队竞争优势(刘松博等,2014)。针对人力资源管理跨边界角色而言,研究者认为其承担的主要任务包括使节性活动、关系维护活动、知识管理活动、任务协调活动和守护活动等。

1. 使节性活动

使节性活动是指人力资源部门及其管理者在处理跨边界事务过程中所从事的旨在代表组织,以及促进组织网络文化建设的相关活动。使节性活动的主要任务包括:通过相关活动的开展来获得外部合作者对公司人力资源管理政策和管理实践的高度认同;劝说或引导合作伙伴采纳公司制定的人力资源管理标准或管理体系;确保组织人力资源管理实践在外部环境中的合法性;积极推进组织网络文化建设,确保网络文化与组织文化之间的匹配等。对于与外部伙伴之间开展首次合作的组织而言,在合作项目实施之前通常需要对对方人力资源信息等进行先期调查,以了解合作伙伴在人员配备、人力资源政策支持以及合作期望、组织文化特征、合作口碑等方面的实际状况。同时,这一阶段也是双方借助谈判来阐述组织价值观念、管理理念和行为原则的最佳时期。因此,人力资源管理在组织形象塑造方面具有先天优势。从一定意义上讲,即便双方无意继续推进合作,也可以借此进行

企业形象推广,扩大组织在行业与地理区域上的影响力。使节性活动的根本目的在于:实现组织输出(合法性、组织形象、组织标准等)在外部环境中得到合理配置,同时保障组织形象能在外部关系网络中拥有一定的权威性。

2. 关系维护活动

关系维护活动是指人力资源管理部门或管理者在跨边界活动中从事的旨在增进双方人际交往、联系和信任等的活动。如果说使节性活动代表了跨边界管理者在"战略性层面"上作出贡献,那么关系维护活动则反映了人力资源管理功能对促成双边承诺发挥的价值。关系维护的好坏不仅直接影响合作任务能否顺利完成,也是组织之间继续深入合作的前提。以往的合作关系维护活动主要依靠组织高层管理人员和业务管理者来推进,与人力资源管理关系不大。但随着组织竞争加剧、人才流动频繁,业务管理者的离职或流失都可能造成组织间关系断裂。因此,在外部合作中引入人力资源管理部门,由人力资源管理部门负责协调和维护双方关系的做法得到了广泛推广。

由于工作岗位性质,人力资源管理部门便于通过行业协会、第三方机构以及猎头公司等获得本行业关键人才的职业发展经历与职业倾向性等信息,从而通过人员任命、员工派遣等管理手段达到有效控制双边关系的目的。此外,依靠正式或非正式沟通方式来实现双方信息畅通,维持与外部利益相关者之间良好的私人关系都被证明在人力资源管理跨边界活动中占据了相当大的比例。所以,人力资源管理职能在双方关系维护过程中扮演着关键角色。

3. 知识管理活动

资源基础观和知识基础观认为,组织知识的获取、储存、使用、累积与转化对企业维持竞争优势相当重要。由于知识在组织内部实现转移与利用主要借助外部化、社会化、内部化与联合化四种手段,而知识在组织间进行转移则与人力资源管理实践的两种策略——个性化和编码化密切关联。因此,人力资源管理职能需要承担起知识管理的责任。进一步从组织开展外部合作的意图来看,获取稀缺资源、均摊成本和分担风险被认为是最常见的原因,同时有效利用外部知识以促进组织内部知识更新也变得日益重要。从人力资源管理实践与组织间关系维持看,下述四个方面的活动都受到人力资源管理战略的影响:

(1)寻找到合适的项目负责人(Barney,1991;Coff,1999)。

(2)设计恰当的合作绩效的监管流程与方法(Boxall,1998)。

(3)合作收益的有效分配(Currie 和 Kerrin,2003)。

(4)避免合作受到外部干扰(Barney,1991)。

因此,可以认为通过外部合作来获得稀缺知识并转化为组织内部知识的持续更新需要人力资源管理政策与实践的支持。

4. 任务协调活动

在组织间业务合作过程中,合作任务的完成质量将影响到组织间关系的后续发展。在人力资源业务外包、人力资源共享和劳务派遣等组织间业务形态中,人力资源管理部门与人员需要承担起确保双边绩效得以实现的责任,并代表组织与合作者进行任务分配协商、探讨任务流程或标准制定、界定组织对合作绩效的具体要求,以及维护组织在共同任务完成过程中合理权益得到保障等。这些活动构成了人力资源任务协调角色的基本职责。任务协调角色的结构特征与 Jemison(1979)命名的过程活动概念的结构属性极为相似。

5. 守护活动

守护职责是人力资源管理跨边界角色中最基础的职责内容。大多数研究都指出,保护和缓冲组织受到外部环境的冲击和伤害是跨边界管理者需要承担的首要任务。在人力资源管理跨边界角色中,看门人的相关活动主要包括对外部环境中与人力资源管理相关的有害信息进行过滤、对组织信息负荷进行管理、扫描外部环境中有关人力资源管理发展趋势的相关信息、对组织发展面临的机会或威胁进行分析。显然,将适度的外部信息引致并嵌入组织内部实践是守护职责的根本所在(Tushman,1977)。人力资源管理者必须学会利用在组织与环境界面工作的有利地位,缓冲和保护组织,避免其在信息方面受到外界的冲击。

上述人力资源管理跨边界角色的任务类型可能并不会完整地出现在一个组织中,也不会完全静态地呈现于某一组织情境。在不同的组织间关系形态下,人力资源管理跨边界角色的任务内容并不相同。例如,某些情况下,人力资源跨边界角色将承担较多的外部信息扫描职责,在守护维度上更为突出;而在另一些情况下则可能需要提高外部市场对组织形象的认同度,需要在使节性活动任务上投入更多精力。不管如何,组织间业务形态都是影响人力资源管理跨边界角色任务内容的关键原因。

(二)人力资源管理跨边界角色的关系特征

现实中组织对人力资源管理跨边界角色的期望并不高。部分原因可能在于组织间人力资源管理业务兴起的时间较晚,抑或人力资源管理者具备的能力要求尚不能完全满足组织间复杂业务的诉求。

梳理相关理论,我们并没有发现关于人力资源管理跨边界角色关系特征的针对性论述。但参考实践方面的研究成果依然能够对这一崭新角色的组织地位和潜在价值持乐观态度。普华永道的调查报告指出:受访的欧洲企业中,约50%的人力资源经理认为他们参与组织战略开发的机会主要来自组织外部(Brewster,1994)。这或许可以作为佐证人力资源管理跨边界角色潜在价值和地位的依据。而David(1984)对于人力资源管理跨边界角色在战略性决策过程中的价值也做出类似评价。某种程度上来看,人力资源管理跨边界角色的组织地位与组织中关键变量(如领导者态度、参与战略制定活动等)相关,因此,提高人力资源管理跨边界角色的地位需要管理者积极参与战略性决策活动。

人力资源管理跨边界角色任务活动中使节活动、关系构建者活动和知识管理活动对组织间合作过程的影响和战略价值最高,更有利于提升人力资源管理者的跨边界角色地位。相比之下,任务协调者角色主要在于协助合作双方完成短期目标,其作用基本聚焦于运营层面,总体是一种服务型角色,因此仅可能维持人力资源管理跨边界角色的一般性价值,无法提升其实质性价值。最后,守护者角色功能主要在于避免组织受到外界环境的冲击与干扰,属于防御性的角色任务,其价值类同于人力资源内角色中的行政管理专家,承担此类跨边界角色并不利于人力资源管理者构建组织地位。换言之,不同任务的人力资源管理跨边界角色对于其关系特征的影响并不等同。

(三)人力资源管理跨边界角色的胜任力特征

研究表明,大多数组织对从事跨边界岗位的任职要求较高,不仅需要具备相关领域专业知识,而且需要有能力承接角色过载带来的压力。张华磊等人(2014)发现具有核心的自我评价特质的研发人员更可能承担跨边界角色。陈璐和王月梅(2017)指出个人主动性和创新自我效能感是影响跨边界行为的关键变量。按照刘小娟和廖颖(2023)在分析跨边界活动类别时的研究,边界松弛活动会弱化边界的存在,为边界内部员工与外界人员沟通交流搭建起桥梁,使员工可以更好地与外界产生信息交换,接触到更多新奇的事物与想法,丰富员工的工作方式。边界紧缩活动则会强化边界的存在,使边界内部和外部的区别更加明显,同时使内部成员形成更加牢固的群体定向思维。因此,相比于边界紧缩活动,员工承担边界松弛活动时所需的胜任力要素与面临的工作压力更大,既要跨越由边界所带来的知识壁垒以及思维方式的冲突,又要能够用更加积极、创新的方式来应对内外角色压力。

此外,人际关系能力是不可忽视的一项指标。首先,作为一种非正式的治理机制,人际关系有助于拉近组织外部人员的心理距离,构建信任(Lee等,2005;Guoet 等,2021),形成融洽的组织间氛围(蔡菲菲,2018),从而使双方可以在和谐的基础上管理双边关系。其次,密切的人际关系也可以降低交易成本(Standifird 等,2000;Williamson,1985),减少双方从事机会主义的意图(Lee 和 Dawes,2005),促进长期合作的可能性。同时,良好的人际关系会带来更多隐性知识的交流和有效沟通。当然,跨边界人员的人际关系特征并非一种永远值得信赖的资源,研究表明人际关系在跨边界行为中具有黑暗面(Fan,2002;Lu 等,2016),与机会主义之间存在倒 U 型关系(Shen 等,2019)。

另一个不能忽视的指标是信息技术为跨边界角色提供了更多可能性,同时也对从业者提出了相当高的要求。实践证明组织人力资源管理信息化水平会直接影响人力资源管理跨边界角色的驾驭能力(蒋建武,2010)。Todd 和 Dewett(2001)发现信息技术通过增加处理的信息的数量和质量来提高信息效率、实现信息协同以改善人力资源的运作。Brown(1999)认为信息技术可以有效帮助人力资源人员取得战略性成果,减少在日常行政性事务上的精力投入。

综上而言,人力资源管理跨边界角色可概括为五种角色形象,分别是使者、关系构建者、知识管理者、任务协调者和看门人。而抗压能力、人际关系能力与信息化技术能力都是人力资源管理跨边界角色胜任特征的关键要素,对从业者跨界活动绩效发挥着直接的影响。

第五章
跨边界视角下人力资源管理角色发展的动因与过程

　　人力资源管理角色是对人力资源管理部门及其管理者在实现组织目标过程中扮演的一整套行为模式与行为期望的规定。组织间人力资源管理业务兴起后,人力资源管理部门不再局限于满足组织内部利益相关者的角色期望(内部角色),还承担起跨边界角色(外部角色)的重担。内、外两种角色的相互促进与彼此制衡影响着人力资源管理角色的整体发展。分析人力资源管理角色演进背后的动因是理解角色发展规律的一把钥匙。

　　本章在角色发展概念与逻辑基础上,系统梳理了三种理论视角下人力资源管理角色发展的不同动因,构建了人力资源管理角色发展的理论模型,并区分了人力资源管理角色发展的基本形态。

第一节　人力资源管理角色发展：概念与逻辑

20世纪70年代，围绕人力资源管理角色问题的探讨逐渐兴起，并在西方战略管理理论的推动下获得了广泛关注。在众多角色问题研究中，人们留意到一个有趣的现象：人力资源管理职能为什么总是向着某些特定角色发展？这一现象背后的根本原因是什么？此外，为什么有些国家的人力资源管理表现出更强的角色发展活力？如何理解不同企业人力资源管理角色发展的共同规律与特殊性？这些问题都涉及动态的角色发展问题的探讨。

一、人力资源管理角色发展的概念

角色理论认为任何角色都不会静止不动。角色的发展是一个即时性过程，既受到之前形成的角色期望的钳制，同时也受到不断变化的组织需求、个人诉求以及在某些特定约束下与利益相关者间交换关系的影响。一旦组织社会关系发生改变，新的角色期望便会产生，并引发角色扮演者调整其行为模式。

从时间维度来看，某一时间节点上的角色都是过去角色演变的结果，这一过程迭代往复形成了角色的发展。以人力资源管理内部角色为例，温和竞争的市场环境下人力资源行政管理角色会占据较大的比重，随着竞争加剧，企业将更依赖于创新赢取发展，人力资源战略伙伴角色的重要性将凸显，并逐渐与变革代言人角色融合。但是，并非就能认为激烈竞争环境下行政管理角色的价值消失殆尽，相反，战略伙伴与变革代言人角色都为行政管理角色注入了新的标准和要求，推动行政管理角色在任务特征、关系特征与胜任力特征维度上不断发展。所以，从历史发展的逻辑来看，人力资源管理所有的内部角色都得到了不同程度的强化。

就人力资源管理跨边界角色而言，某一类人力资源管理外部角色既可能因人力资源管理内部角色的变化而消失或增强，也可能因其他类型人力资源管理外部角色的变化导致转型或迭代升级，此外人力资源管理角色职能的整体性变化也可能造成内外人力资源管理角色发生演变。基于角色的消失、诞生、转型及迭代升级不仅可以窥测到人力资源管理职能的变化和调整，而且可以为角色内在结构动态演化提供评析工具。

我们将人力资源管理角色发展界定为因组织环境变化等导致人力资源管理职能形态演进而产生的人力资源管理角色发生变化（增强、削弱或调整）的过程。人力资源管理角色发展研究是对战略人力资源管理研究的深化，它不仅整合了角色分类研究的相关主题，而且将之拓展到角色发展动力、角色发展形态、角色发展路径和角色发展效果等领域，形成了一个完整的研究体系。当前针对角色发展概念、理论和实践问题的探讨尚不充分。鉴于此，特对人力资源管理角色发展逻辑、动因和路径等进行探索性研究。

二、人力资源管理角色发展的逻辑

按照角色理论奠基人拉尔夫·林顿的观点：角色代表着地位的动态方面、地位网络的结构和相关期望制约着个体内心的符号互动过程和角色的最终形式，因此，角色发展的底层逻辑是职能角色的地位发生了变动。

由于地位不仅包含有角色在组织结构图中占据的某个位置和组织授予

职位的某种头衔的含义,还包括角色主体在社会关系网络中获得的与岗位相关的声望和口碑(Gould,2002;McGee和Galinsky,2008)。所以,组织地位的含义体现在多个方面,既包括职位在组织层级中的位置变动,也包括职位声誉的变动,还包括职位头衔的变动等。对于组织角色而言,位置、声誉和头衔的变化都和组织赋予职位的权利义务、任职者能力高低、职能活动内容调整高度关联。所以,组织角色的发展逻辑即为角色在任务特征、胜任力特征和关系特征三个维度上的变化过程及引发的作用机理。具体而言,人力资源管理角色发展动因、发展形态、发展机理,以及角色发展效果与评价都是人力资源管理角色发展这一研究领域的重要议题,而动因和形态则是分析基础。

当前针对人力资源管理角色发展动因的探索已经起步,多数研究以社会互动论作为主导逻辑[①],围绕角色发展的外部因素和内部因素展开探讨。按照动因作用的形式将之归纳为三种视角:被动接受、主动选择和共同演化。

第二节　人力资源管理角色发展动因

当企业边界由封闭转向开放后,人力资源管理不仅需要承担起组织内部利益相关者赋予的角色期望(内部角色),还需要扮演跨边界角色(外部角

---

① 德国社会学家奥尔格·齐美尔被认为是社会互动一词的提出者,其观点主要是指人与人之间以及人与群体之间的交互影响。

色)以满足外部利益相关者的角色要求。平衡内、外两种角色之间的关系对人力资源管理非常重要。但由于不同因素对人力资源管理内、外角色结构特征的影响并不一致,从而导致人力资源管理角色形态不断调整,进而推动人力资源管理角色不断发展。

当前关于人力资源管理角色发展动因的解释较为分散,而角色发展过程的复杂性和不确定性又加大了研究的难度,所以并没有形成系统性研究成果。基于作用效果和过程机理的不同,归纳出三种范式——被动接受、主动选择和共同演化。通过对三种范式下角色发展成因的梳理,力图系统解释人力资源管理角色发展动力来源问题,并在此基础上构建分析角色发展的整合型模型。

一、被动接受视角下人力资源管理角色发展动因

早期研究中,对于人力资源管理职能在不同时期下表现出某些共同的角色特征,以及在历史发展过程中呈现的由行政管理专家向战略伙伴角色转变的现象,往往都被看作组织受到外部环境力量裹挟而生的结果。换言之,在人力资源管理角色的定位、选择与转型过程中,组织的主动性很低,仅仅是对外部环境的一种被动接受。

这一研究范式下,新制度主义理论提供了强有力的解释依据。按照新制度主义的观点:组织环境中的制度因素会通过强制性、模仿性和规范性作用,对同一行业中的组织形成异形同构压力。为了应对这样的压力,每个组织都可能采取类似的方式,从而产生相似的行为结果(Kessler 等,2000;Paauwe 和 Boselie,2003;Truss 和 Cahterine,2009)。当新制度主义理论被具体应用到人力资源管理角色研究后,人们对人力资源管理角色发展的动因有了初步认识:制度环境限制了人力资源管理政策、实践选择的可能性,

从而促使相似环境下人力资源管理角色发展路径趋同。比如,第二次世界大战期间,为了遵照联邦政府制定的诸多雇佣稳定政策,大多数美国企业纷纷成立人事部门,使得人事管理角色得以诞生(Baron 等,1986)。

在具体的制度因素分析中,研究者的观点并不统一。Steven 等人(1996)将影响人力资源管理角色发展的情景因素划归为三类:组织技术特征、产业关系体系和劳动力市场状况。Kessler 等人(2000)则着重强调了制度压力对公共行业组织的人力资源管理角色的影响。这些制度压力主要包括利益相关者的多样性,中央政府的强制性程度、目标与控制机制,以及涉及人力资源传统角色的法律、规范等(Procter 和 Currie, 1999;Bach 和 Rocca,2000;Kessler 等,2000)。

(一)组织技术

作为影响人力资源管理角色发展的变量之一,技术变量很早就受到了关注。但是由于技术既包括组织技术也包括生产技术和管理技术,这就造成人们在分析技术与人力资源管理角色发展关系时存在指代概念上的不统一。

1. 组织技术与人力资源管理角色发展

19 世纪末,电力革命使得组织规模快速扩大,造成了员工数量的激增与组织经营地域的扩张。组织管理的混乱现象与复杂化程度远超人们的预期。为提高管理效率,泰勒提出了将生产职能和管理职能分开的思想,针对员工事务的管理职能从原有一线管理者(工头)的工作任务中分离出来,交由专业的人事专员完成。人事管理至此成为一项独立的职能形式。员工福利管理、薪酬发放、考勤管理等都成为早期人事管理的主要业务。20 世纪40 年代后期,人力资源管理(本质上还是人事管理)仍然停留在浅层次的行政事务管理层面,人事专员只负责完成一些涉及组织运营的工作任务。此后,伴随组织技术复杂程度增加,员工工作任务难度加大,为了更好地适应技术变革的要求,那些与员工开发相关的职能,如选拔、培训变得更为重要(Chester,2001),人力资源管理职能形态开始出现新的变化。这一变化在20世纪50年代变得更为明显。同期,人事管理开始向人力资源管理过渡,而人力资源管理者的角色也开始由一般行政管理人员向服务传递者转变。

对于组织技术是如何促使人力资源管理职能形态发生转型,并引致人力资源管理角色调整的机理性问题,存在不同解释。Thompson(1967)认为,源于组织技术不同,企业劳动力分工的形式也会产生差异,从而造成人力资源管理职能形态不尽相同。Florkowski 和 Olivas(2006)强调,组织技术会影响到传统人力资源管理的工作内容,使得越来越多交易型人力资源管理活动由劳动密集型向技术密集型方式转变,并为其从行政管理者向战略伙伴角色发展提供可能。

2. 生产技术与人力资源管理角色发展

如果把组织技术界定为将组织输入转变为输出的内部组织流程,则人们对于技术与人力资源管理角色关系的分析本质上演变为对生产技术是如何影响人力资源管理角色发展这一问题进行解释。Chester(2001)构建了一个分析技术与人力资源管理职能形态关系的模型(见图 5.1)。该模型表明,员工技能是组织(生产)技术影响人力资源管理(职能)的中介变量。技术通过在信息流程的复杂化、多样性和可编程性三个方面对员工技能构成产生影响,进而通过对员工技能规范的不同要求间接影响组织对人力资源管理职能的选择。

Snell 和 Dean(1992)针对整合制造技术与人力资源管理实践之间的关系进行实证调研发现:技术对人力资源管理的影响主要是通过管理者如何

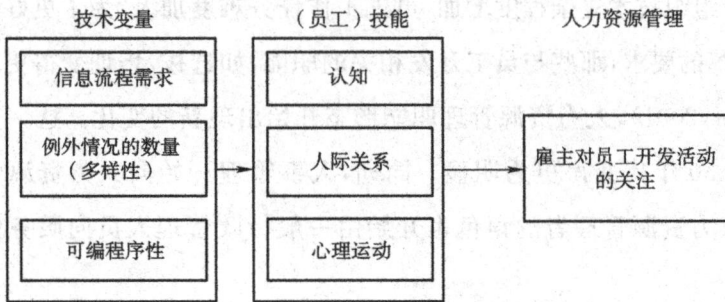

图 5.1　组织(生产)技术、员工技能与人力资源管理

感知技术信息这一过程来体现。那些采用整合性制造技术的企业会加大对员工甄选流程的使用;而在那些需要大量柔性技术和员工自主决策的企业中,由于管理者认为需要用更多的时间来对员工绩效给予评价反馈及指导,绩效评估变得相对重要。

3. 人力资源管理信息技术与人力资源管理角色发展

20 世纪 80 年代中期,人力资源管理职能演化受到信息技术的巨大影响,那些基于网络技术渠道或得到网络技术支持来执行人力资源战略、政策和实践的方式——E-HRM(Ruel,Bondarouk 和 Looise,2006)变得极为普遍。有观点认为 E-HRM 转变了人力资源管理功能,提升了其在组织中的战略地位,扭转了传统服务型角色的形象。但也有观点认为,E-HRM 的贡献依然停留在降低人力资源管理成本和改善人力资源管理人员工作效率的作用上,并没有促成人力资源管理战略性价值的实现。

在第一种观点中,比较有代表性的研究者包括 Ulirch 等人(Ulrich,1996;Buckley 等,2004;Enshur, Nielson 和 Vallone 2002;Snell 等,2002;Lengnick-Hall 和 Moritz 2003;Martin 等,2008)。他们主张,原先由人力资源管理专业人员提供的人力资源管理服务不仅可以通过职能管理者和外包等方式来传递(Tremblay,Patry 和 Lanoi,2008),也可以通过自服务系统向员工直接提供(Emma,2011)。软件和技术更多地承担了传统人力资源管理的工作内容,越来越多交易型人力资源管理活动由劳动密集型向技术密集型方式转变(Florkowski 和 Olivas,2006)。Lepak,Snell(1998)以及 Hendrickson(2003)的研究也指出,通过采用 E-HRM,组织将事务性人力资源管理活动规范化和流程化,从而削减了成本,达到了提升人力资源管理效率的目的。Thite 和 Kavanagh(2009)的研究证实,E-HRM 既能够应用于交易型人力资源管理活动,如涉及日常工作和记录的工作;也能够应用于传统人力资源管理活动,如招募、甄选、培训、绩效管理、薪酬管理等;更为重要的则是推动人力资源管理向能够带来高附加值活动的方向转变。Storey 和 Legge 同样指出,不断增加的对组织战略目标给予支持以及对利益相关者价值提供支撑的压力已经迫使人力资源管理人员的工作内容和期望产生了巨大变化,而采用信息技术来变革人力资源管理流程是应对变革的必然选择,也是人力资源管理人员有效完成工作角色和进行战略性决策的媒介。

　　持第二种观点的研究者着重界定了 E-HRM 的功能范畴。他们不仅对 E-HRM 在改善人力资源管理战略性地位上的作用提出了质疑,而且对 E-HRM 在降低成本和提高管理效率方面的真实作用持相当谨慎的态度。例如,Emma(2011)的研究显示,E-HRM 的贡献会受制于组织配置人力资源管理职能方式的影响,E-HRM 的作用主要在于改变了组织中专业人力资源管理人员的比率和素质,促使人力资源管理事务向业务管理者下放以及人力资源外包。Kinnie 和 Arthurs(1992)针对英国企业的深度调查研究显示,在 20 世纪 80 年代之前组织运用 HRIS 的本质并没有什么大的变化,仍然是将其作为解决常规任务的帮手。几乎同一时期,Martinsons 在加拿大的研究和 Ball 对英国企业的问卷调查也都支持了 Kinnie 等人的看法。Lawer 和 Mohrmans(2001)也指出,相比于 7 年前的状况,不论组织人力资源管理部门是否扮演了战略性伙伴这一角色,美国企业中小型企业与大型企业在运用 HRIS 解决战略性人力资源管理问题方面的能力差距正在缩小;但仍需要注意的是,HRIS 的使用只是增加了人力资源管理专业人员在组织中扮演战略性伙伴角色的信心,并没有得到组织内其他高级管理者的认同。

虽然人们对技术如何影响人力资源管理角色转变的内在机理存在不同认识,但不可轻视技术在人力资源管理职能角色转变中的贡献。技术不仅改变了人力资源管理的工作内容,同时也对人力资源管理者的胜任力素质提出了新的要求。当然,在不同层面的技术特征影响下,人力资源管理角色转变的内在机制存在差异性。

(二)劳动力市场结构与产业关系体系

相比于技术与人力资源管理角色发展关系研究,产业关系体系和劳动力市场结构的分析略显单薄。通常认为,作为政府(治理代理人)、雇主(雇主组织)和雇员(雇员组织,如工会)之间两两平衡的体系——产业关系体系(Steen 和 Dana,2009),其对人力资源管理角色发展的影响主要在宏观层面的制度约束上。对此,来自跨国公司的实证研究表明,东道国产业关系体系的基本特征(如强烈的集中谈判传统等)成为跨国公司移植母公司人力资源管理实践的障碍之一(Steen 和 Dana,2009;Fenton-O'Creevy,Gooderham 和 Nordhaug,2008)。另有研究指出,产业关系对人力资源管理实践的影响主要是通过工会这一中介变量发挥作用。Hall 和 Soskice(2001)分析了两种产业关系体系下工会率与企业人力资源部门筹建之间的关系。其结果显示,在自由型市场经济的产业关系体系下,工会率较低但人力资源管理部门组建率较高;在协调型市场经济的产业关系体系下,工会率高,人力资源管理作用被大大抑制。

Russ,Galang 和 Ferris(1998)针对美国劳动力市场结构情境下人力资源跨边界角色的内在机制进行了探讨。其研究指出劳动力市场上雇主—雇员关系的复杂性会协助人力资源管理部门获得更多授权,最终促进人力资源管理部门承担起新的角色——跨边界管理。在欧洲,针对劳动力市场变化颁布的系列雇佣法案让组织更加注重合法性,这一需求上的转变使人力资源管理必须成为组织间资源和知识的配置者(Hiltrop 等,1995)。而 Cohen 和 Pfeffer(1986)也指出,人力资源管理部门的出现不仅与雇佣前对员工进行测试具有重要关系,而且与工会希望尽量降低人力资源部门在组织战略性决策上的影响力有关。不仅外部劳动力市场结构会影响到人力资源管理角色内容及其扮演方式,组织内部劳动力市场结构也是影响人力资源管理角色的关键变量(Dail,Andrew 和 Syed,2000)。

由于无法充分解释在相同情境下为什么不同企业的人力资源管理角色发展程度及其转换效果之间存在悬殊,上述被动选择范式下的动因分析存在明显缺陷。从实证研究结果来看,制度压力对组织行为的影响也并非绝对。DiMaggio 和 Powell(1983)指出,只有当组织在不确定性程度较高的环境下(如不明晰的技术、模糊的组织目标或复杂的制度要求),才会模仿那些拥有相似职能形式的成功组织,以此来降低风险;相反,在不确定性较低的环境下模仿性同构现象较少出现。环境变量不是影响角色发展的唯一动因,需要和组织其他变量进行整合研究。

二、主动选择视角下人力资源管理角色发展动因

随着研究的深入,组织能动性在人力资源管理角色发展中的作用得到关注(Truss 等,2002)。人们普遍认为人力资源管理角色的定位与发展是组织有意识、有计划选择的结果。战略选择理论和谈判演化理论为该观点

提供了强有力的解释依据。相比于被动接受范式,主动选择多以中观和微观变量作为研究变量(Julia 和 Dionne,2010),其中人力资源管理战略、组织结构形态以及人力资源管理人员的权力等都是关键动因。

(一)组织战略

20 世纪 50 年代后期,得益于西方战略管理理论的深入传播,人们开始将人力资源管理与组织战略作为探讨企业竞争优势的来源。以 Ulrich 为代表的学者认为,西方企业战略管理实践揭示了人力资源管理职能正在经历某种根本性的变化——从服务传递者向战略伙伴角色转变(Ulrich,1997;Pickles 等,1999)。然而,关于人力资源管理角色与组织战略关系的争议此起彼伏。

1. 组织战略类型与人力资源管理角色

主流理论对组织战略类型与人力资源管理角色关系持积极态度,但在具体观点上还有细微差别。部分学者认为,战略是影响人力资源管理实践和政策制定的前因变量,人力资源管理政策、实践需要依托组织战略的类型来制定。例如,Fombrum(1984)提出了 HRM 匹配模式。Truss(2009)认为,组织战略选择框架决定了人力资源管理专业人员在角色决策中的选择程度。另一部分学者则主张:战略与人力资源管理角色之间的关系并非线性的、直接的关系,而是非线性的、间接的关系。换言之,影响组织人力资源管理角色调整的变量应该是多元的,并非只有组织战略这一单独变量。

Bob 等人(1995)剖析了人力资源管理角色与组织战略的配置关系(见图 5.2)。Collins(1988)和 Kramar(1992)以 Miles 和 Snow(1984)划分出的防御型战略、前瞻性战略、分析者型战略和反应型战略为标准,证实了人力资源管理实践、政策与战略类型之间的匹配关系。而 Geary(1992)的研究也显示出组织战略通过对雇佣方式产生影响,进而有效影响人力资源管理实践内容的过程。1999 年至 2000 年由 CRANET 主持的一项调研报告指出,在受访的欧盟各国企业中约 39.8%的中小型企业具有成文的人力资源管理战略,大型企业的比例则是 52.2%。同时,在人力资源管理职能参与组织战略制定与实施方面,约 54.1%的中小企业和 56.8%的大企业给予了肯定回答。

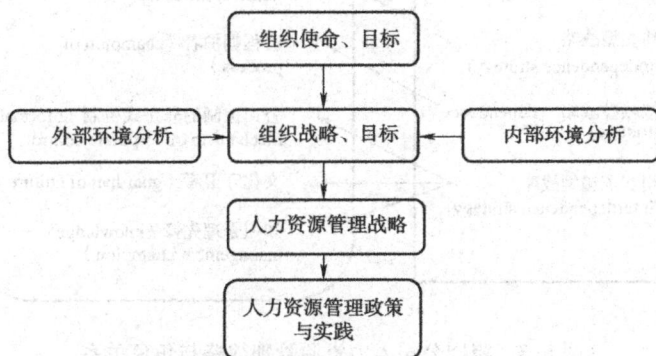

图 5.2 组织战略与人力资源管理战略、政策和实践的关系模型

针对不同战略类型与人力资源角色选择之间的联系,Kydd 和 Oppenheim(1990)认为,当组织是防御型战略时,人力资源管理方有可能积极参与战略制定,并承担起战略伙伴的角色;而在反应型战略下,人力资源管理的政策与实践主要由组织商业层面特征决定,其自身选择的可能性较小。与之相似,Bennett 等人(1998)发现,战略类型是分析者的组织比防御者和侦探者组织具有更高的人力资源管理整合度。Elaine(2010)则以跨国公司为研究对象,分析了母公司三种战略类型与子公司人力资源管理角色变化间的关系:独立性战略、依赖型战略和相互依赖型战略分别与有效政策影响者、流程拥护者、公司控制的非正式机制、文化守卫者,以及知识管理先锋等角色相关(见图 5.3)。而 Nigel(2009)的研究表明,当组织强调创新战略时,跨边界关系将变得更加突出,对组织内相关部门(也包括人力资源管

理部门)扮演跨边界管理角色所需的能力带来了新的挑战。由此可见,尽管
研究者在组织战略类型划分上选择了不同标准,但战略对人力资源管理角
色发展的影响仍然得到了有力的支持。

图 5.3　跨国公司人力资源管理战略与角色关系

2. 组织战略变迁与人力资源管理角色转变

由于人们至今无法对组织战略概念达成一致性的认识,将人力资源管
理与组织战略整合并不能激励人力资源管理者参与战略过程,也就无法摆
脱传统人事管理的恶性循环。这也使得将组织战略与人力资源管理角色整
合的观点遭到了广泛批判(Legge,1989;Gardner 和 Palmer,1992)。
Brewster(1995)的研究显示,即便是在西方一些大型企业中,人力资源管理
和商业战略之间的整合也极为少见;人力资源管理的战略性远远没有得到
体现。Johnson(1987),Hendry 和 Pettigrew(1990)也指出,由于组织战略
的形成往往是一个极其复杂、互动、渐进和隐性的过程,因此很难在组织战
略形成、确认之后用于指导人力资源管理战略与实践活动;采用战略概念直
接引导人力资源管理功能设计的方法,从实践目标来看显得过于机械化。

与之相关,战略调整、战略漂移、战略突变等特殊情况下人力资源管理如何定位、选择和扮演角色成为研究者感兴趣的议题。Lengnick-Hall等人(2011)从组织弹性的两种角度出发,分析了人力资源管理职能在低成本快速实现组织方向转变方面的潜在价值。杨斌(2011)则就环境复杂化导致组织战略估测失误或因战略执行力差造成的战略漂移进行了分析,并探讨了人力资源管理职能对战略漂移的制衡机制。王金龙等人(2013)在区分有意图的战略和突变型战略的差异上,简要比较了两种战略情境下人力资源管理的三种角色(人力资本管家、学习倡导者和战略参与者)形式。孟繁强(2010)则主要从内省和定位两种逻辑视角出发,探讨了资源冗余在人力资源管理战略匹配中的作用。

上述观点与Storey和Sission(1993)的研究结论高度吻合。Storey和Sisson认为,人们之所以会对人力资源管理与组织战略关系给予不同解释,关键是对战略特性存在差异性的看法。Schuler等人(1989,1992)指出,那种认为组织战略是决定人力资源管理实践的前因变量、人力资源管理实践必须回应和适应组织战略需求的传统观点隐含着基本假设——组织战略是企业管理者经过深思熟虑后的选择,是可以通过明确的文件或制度确定下来的一种计划;组织战略的形成过程是理性和线性的。但战略管理理论的发展以及一些新的实践现象的不断出现让人们意识到,组织战略的形成与实施应该是动态的、非线性的过程,是组织内、外各种力量交互作用下的一种随机结果(Storey和Ssisson,1993)。

值得关注的是,Harry,Michelle和Cathy(2011)的一项研究表明,单纯地按照战略意图来构建人力资源管理会呈现出"阴暗"的一面。具体来讲,是指人力资源管理为了获得组织对其战略伙伴的认同,往往会逃避其原有承担的一些义务(如员工保护者角色),并降低组织对员工的忠诚。

面对各种争议,也有学者主张从均衡的视角进行探讨。一方面,组织战略是管理者有意图的选择,是组织对环境的一种反应。因此,组织能够有效地制定规范性的战略蓝图,并用文字的方式确定下来。这些成文的组织战略的确影响着人力资源管理实践方式,最终影响到人力资源管理的角色形式。但另一方面,组织战略并非静态的、永恒不变的文字表述,它同样受到组织内、外各种力量的影响,并表现出随机性和动态性。在此情况下,人力资源管理职能需要具备超越组织战略的能力,能够优先于组织战略或者同步于组织战略进行自我变革。换言之,人力资源管理角色既要与组织战略需求匹配,为战略落脚提供足够的支持,促成组织战略实现;人力资源管理角色又要超越于组织对其提出的短期诉求,为未来战略形成提前储备冗余资源和构建相应能力。

在新的竞争环境下,人力资源管理职能要想发挥关键性的战略价值就必须具备先于或同步于组织战略的能力,以便快速回应组织战略调整产生的需求。同时,人力资源管理角色还必须从普通事务管理的角色形象向组织战略伙伴、跨边界角色等新形象转变。通过占据战略参与和影响组织间关系发展的制高点来为组织变革提供智力资本支持。当然,上述能力的获得与角色调整的实现均离不开人力资源管理与利益相关者开展合作,超越组织边界的人力资源管理跨边界角色正是支撑人力资源管理满足组织战略需求的必然途径。

(二)组织结构

在组织理论和人力资源管理领域的研究中,组织结构通常被认为是组织对外部环境做出的一种选择和反应,也是影响人力资源管理的关键变量。新的竞争环境下传统科层制组织结构已经不足以快速有效回应市场和消费

者需求。机构臃肿、效率低下、官僚作风严重等问题让科层制组织结构失去
了优势,进行组织结构创新的呼声日益高涨,并最终成为推动组织进行结构
变革的重要原因。

要迎合组织结构调整而产生的不断变化的战略性需求,人力资源管理
不仅需要重新界定其实践内容,更需要对其构型进行同步设计、重构和组织
(Lepak 和 Snell 1999;Kang, Morris 和 Snell 2007;Kang 和 Snell 2009),组
织结构、人力资源管理职能构型与人力资源管理角色转变的关系如图 5.4
所示。

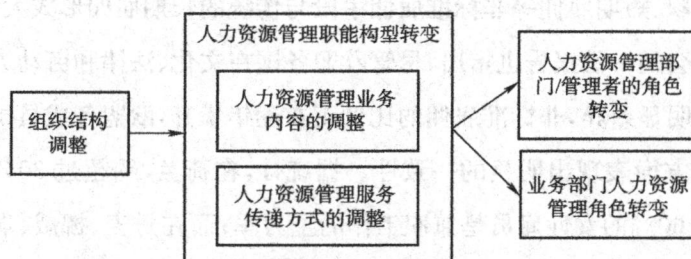

图 5.4　组织结构、人力资源管理职能构型与人力资源管理角色的关系

1. 组织结构与人力资源管理角色

在组织结构与人力资源管理角色关系研究中,人力资源管理职能下
放[①]、人力资源职能外包、人力资源共享等都是重要议题(见表 5.1)。

组织柔性是组织结构特征的一个重要变量。组织柔性会影响到人力资
源管理实践内容和人力资源管理政策的选择(Kane 和 Palmer,1995)。组
织对柔性的需求推动了人力资源职能外包的兴起,而人力资源职能外包极
大地改变了组织人力资源服务的传递方式(Whitehead,2006;Doig 和

---

① 部分学者将人力资源管理职能下放表述为人力资源管理的分权化。

Whitehead,2007;Teng,2007)。Cook(1999)则分析了第三方代理(人力资源服务商)出现后,传统人力资源部门完成的工作逐渐被削减这一现象背后的机理。Limerick(1992)比较了传统组织结构和新的网络组织结构下人力资源管理实践之间的异同;Delery(1994)和 Jackson 等人(1989)证实了在不同组织结构变量下人力资源管理实践存在的显著性差异。

当然也可从雇佣关系出发分析组织结构与人力资源管理职能构型的内在关系。雇佣柔性是组织依据劳动力市场条件合理调整工作模式的能力(Andreea,2012)。在过去 20 年间,世界各国均增加了对柔性雇佣方式的使用。兼职、短期雇佣等非标准雇佣手段与传统的长期雇佣形式大量并存。欧盟委员会的一份报告也指出,尽管欧盟各国在文化、法律和劳动力市场等方面存在明显差异,非标准雇佣的比例正在逐年攀升,欧盟各成员国企业在组织柔性方面表现出明显的一致性。据统计,在荷兰,约超过 30%的劳动者和大约 60%的女性雇员是兼职工作的主力军;而在丹麦、挪威、瑞典和英国也有超过 20%的临时雇员,其中兼职工作的女性比例高达 40%(欧盟委员会,1992)。对此,Lesley,Olga 和 Chris(1996)指出,雇佣柔性高的组织(柔性公司)在人力资源管理方面往往采用集权式的管理方式,人力资源管理部门拥有更多的控制权,业务部门参与人力资源管理活动的频率较低,尤其是在人员选拔和培训方面;反之,柔性低的组织往往采用分权化的人力资源管理模式。

表 5.1　组织结构形态与人力资源管理角色的相关议题

内　　　容	组织结构形态	
	机械式组织结构	有机体组织结构
主要研究问题	分权式人力资源管理模式的本质、特征和运营机制;人力资源管理职能下放的驱动因素与实现机制;人力资源管理者与业务管理者的角色分配	人力资源职能外包对组织柔性的影响机制;人力资源共享与组织柔性的关系;人力资源外包问题;劳务派遣管理的相关问题;组织网络化与人力资源管理的边界问题

内　　容	组织结构形态	
	机械式组织结构	有机体组织结构
基本观点	Hall 和 Torrington（1998）：人力资源职能下放的有效性受到业务管理者与人力资源管理专业人员能力及关系的影响。Torrington 和 Hall（1996）：人力资源管理人员在职能下放过程中缺乏明晰的角色定位会阻碍人力资源管理战略的实现	Atkinson（1984）：组织柔性与组织雇佣模式之间存在相关性Whitehead（2006），Limerick（1992）：外包改变了人力资源管理职能的传递方式Lesley，Olga 和 Chris（1996）：柔性公司与传统组织结构下人力资源管理职能设置存在差异李新建等人（2011）：超组织人力资源管理本质上是人力资源管理职能外部配置的体现。人力资源职能外包、劳务派遣、人力资源共享、人力资源分包等都是超组织人力资源管理的典型形式
共同结论	要满足组织结构柔性需求，人力资源管理功能需要具备双边机制的结构特征（Adler 等，1999；Jimmy Huang 等，2013）	

2. 人力资源管理业务模式与人力资源管理角色发展

人力资源管理业务模式与人力资源管理角色发展并非一种简单的线性关系。在某些情况下，分权方式的实施为人力资源管理战略性角色扮演提供了充分可能，但在某些情况下却并不能促进人力资源管理角色向战略性阶段发展（Hall 和 Torrington，1998）。究其原因，大致有以下几点：

（1）人力资源管理业务下放可能与业务管理者的现实工作需求不兼容，业务管理者往往将人力资源管理事务放在"次要"的位置加以考虑，并不会像人力资源管理专业人员一样重视人力资源管理实践活动（McGovern 等，1997；Cunningham 和 Hyman，1999；Whittaker 和 Marchington，2003）。

（2）业务管理者在人力资源管理知识、技能和能力方面的欠缺将会导致许多负面结果产生，使得组织绩效下滑（Budhwar，2000；Bond 和 Wise，2003；Renwick，2003；Whittaker 和 Marchington，2003）。

（3）人力资源分权化过程中，人力资源专业人员极有可能无法为自己找到更好的定位（Torrington 和 Hall，1996；Hall 和 Torrington，1998；Harris

等,2002),既可能丧失作为战略伙伴的机会,也可能失去传统角色的地位(Renwick 和 MacNeil,2002;Bond 和 Wise,2003)。

上述观点得到了部分实证研究的支持。例如,Tyson 和 Fell(1986)的一份研究表明,人力资源管理职能在组织中扮演的角色主要受到高层管理者决策方式、人事活动计划范畴、人事专员专业程度和人事专员参与组织文化创建的卷入程度的影响。

事实上,采用集权式人力资源管理方式的组织往往具有较高的雇佣柔性。因为集权化会增强人力资源管理部门的控制权,降低业务部门参与人力资源管理活动的频率;反之,采用分权化人力资源管理模式的组织往往具有较低的雇佣柔性,人力资源管理专业人员参与战略制定等关键性任务的机会较少(Lesley,Olga 和 Chris,1996)。当机械化组织结构向有机体组织结构转变时,人力资源管理也会逐渐由集权向分权、由组织一体化向业务外包、组织间合作等模式转型(Dewit 和 Meyer,1999;Golden 和 Ramanvijam,1985;Gratton 等,1999)。在传统官僚层级结构形态下,工作任务和职务之间是一种直接关系(即工作任务的增减会直接影响组织内职务数量的随机调整),随着组织柔性增加,人力资源管理的实践方式发生了变化——企业可以通过非标准雇佣来满足不增减工作职务数量却完成工作任务的要求(Hutchinson 和 Brewster,1994)。因此,在组织结构调整与人力资源管理角色转变背后存在合理的逻辑关系,即组织结构柔性化为人力资源管理职能分权、引入第三方人力资源管理服务提供商等提供了条件,而这些条件的实现又转变了企业人力资源管理的职能模式。同时,上述变化会导致组织内、外利益相关者对人力资源管理战略角色期望发生变化;反过来,企业人力资源管理战略角色的转型又为组织人力资源管理业务模式调整、战略执行等提供了重要保障(IRS,1998;Kamoche,1994)。正是在上述三者之间交互作用的共同影响下人力资源管理角色不断演化。

　　尽管从组织结构视角对人力资源管理角色转变的研究取得了相当多的成果,尤其是近些年来人们对个体/团队层次与组织层次的整合研究也不断取得突破性进展,但对组织层次与组织间层次的变量进行整合还未得到充分关注。相关研究范式的建立、研究问题的深化以及研究理论的构建都还有很多空白。

(三)人力资源管理部门的政治权力

　　以谈判演化理论为切入点,一些研究者对人力资源管理部门的权力、政治性语言及其象征性行为与角色发展关系进行了分析。由于职能特征,人力资源管理者常常无法证明其行为方式与组织绩效结果之间的必然关系,从而失去了先天的权威性(Legge,1978)。因此,理解组织情境变量与人力资源管理者行为之间的关系对我们全面把握人力资源管理战略卷入具有积极意义(Becker,1996)。

　　人力资源管理业务不断分权化、外包和任务常规化导致人力资源管理者无法直接控制管理结果(Hickson 等,1971)。想要参与组织战略制定等核心任务并获得发言权,人力资源管理者必须采取行之有效的政治策略。这些策略包括人力资源管理者通过对事关员工利益的活动(绩效评估、甄选、福利和报酬等)施加影响,进而达到左右员工行为和影响组织决策的目的(Bartol 和 Martin,1990;Ferris 和 King,1991;Gilmore 和 Ferris,1989;Kipnis 和 Schmidt,1988;Wayne 和 Ferris,1990)。Legge 和 Exley(1975)则将人力资源管理者的两种基本政治策略命名为墨守成规的创新和离经叛道的创新。他们认为,当组织处于逆境时,人力资源管理者采用墨守成规的创新策略会为权力的获得带来好处;而当组织环境存在资源冗余并允许试错时,离经叛道的创新策略将更有利。此外,Russ 和 Galang(1994)的研究也显示出当人力资源部门参与组织跨边界管理活动的机会越多,其在组织中的影响力将增加;相反,如果组织能够应对环境中的"威胁",那么人力资源管理部门作为关键性权变的功能将不复存在。

整合谈判演化理论相关成果发现:采取恰当的政治行为之所以对人力资源管理者的角色发展有利,主要有以下三个方面的原因:

(1)人力资源管理者的工作并不具备明显的客观性,相比于其他业务管理者更需要对利益相关者的各种感觉加以管理(Tedeschi 和 Melburg,1984)。

(2)语言和象征物不仅会影响组织评价事物的标准,还会影响到规范和价值观的采纳(Frost,1989;Griffin,Skivington 和 Moorhead,1987)。典型的事例是,一些企业人力资源管理部门主张采用人力资源信息系统的目的并不是希望以此降低管理成本或提高工作效率,而是在向业务部门和企业高层传递信息人力资源管理正在向战略性的角色转变(Tansley,Newell 和 Williams,2001)。

(3)信息传递的内容和方式对价值评价标准具有影响。所以,通过影响利益相关者对人力资源管理的价值评判标准及态度,人力资源部门更容易获得认同。

显然,谈判演化理论为全面剖析人力资源管理角色发展内因注入了新的思想,而其人力资源管理者为了避免权力丧失、依据组织战略类型相机采取适宜角色的观点也具有一定合理性(见图 5.5)。

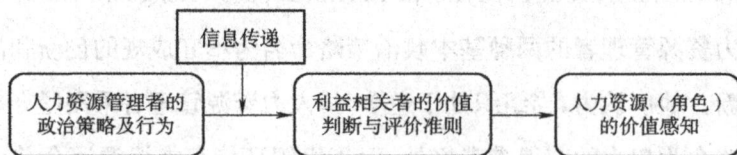

图 5.5　政治行为与人力资源管理角色的关系

主动选择视角下人力资源管理角色发展的动因可以归纳为对三个根本性问题的回答,即做正确的事情、正确地做事情和什么是正确的(Frost,1989)。主动选择范式研究的不足在于过分强调组织微观因素对人力资源管理角色发展的影响,而忽视了宏观层面变量(如组织制度环境等)对战略选择、权力配置等可能存在的制约作用,从而无法客观地刻画出人力资源管理角色发展的必然性和偶然性。

三、共同演化视角下人力资源管理角色发展动因

如果说被动接受与主动选择视角都只是从局部去解释推动人力资源管理角色发展的动因,那么共同演化作为一种整体性分析框架,它关注于系统解释事物的变化过程,即系统是如何与其情境相互作用并演化发展起来的。组织内、外环境的波动为人力资源管理政策与实践的发展、演化和消失营造了一个动态的情境(Susan,2014),就人力资源管理角色发展而言,也是组织情景与系统变量之间共生相契的结果。

除了分析过的组织技术、组织战略和政治权力等,人力资源职能配置方式、环境的不确定性、组织间关系和组织文化等都是关键的情景变量(Welbourne 和 Cyr,1999;Bae 和 Lawler,2000;Sunghoon 和 Seongmin,2011);系统变量则指角色本身的各种形态及其不同构型。虽然共同演化理论具有很强的理论价值,但作为一种研究范式,其在人力资源管理角色领域的应用尚未得到充分重视。

(一)环境不确定性、组织间关系与人力资源管理角色

环境的不确定性是影响组织结构安排的关键变量,当外部环境相对稳定时,机械式组织具有明显优势;一旦环境不确定性加大,有机体组织将更

能适应环境变化。组织结构从机械式向有机体转变,人力资源管理的职能构型也会发生相应调整——由集权向分权、由一体化向业务外包、组织间合作等模式转化(Dewit 和 Meyer,1999;Golden 和 Ramanvijam,1985;Gratton 等,1999;李新建等,2011)。职能构型转变会造成业务管理者和人力资源管理者在角色和影响力上的重新分配,而业务管理者的人力资源管理能力将成为影响人力资源管理角色转型的关键变量(Larsen 和 Brewster,2003;Morley 等,2006;Purcell 和 Hutchinson,2007)。

在组织环境不确定性与人力资源管理角色关系中,组织间关系发挥了一定作用。作为企业应对复杂环境变化的一种战略举措,组织间关系的形成和发展导致组织内、外利益相关者对人力资源管理提出了新的角色期望。协助合作伙伴完成双方共担的战略任务与充当组织战略伙伴角色之间看似没有矛盾,却可能抑制人力资源管理扮演其他传统性角色的动机。在现实工作中,服务于组织间关系的角色导向也会与服务于业务部门的需求相冲突。因此,企业人力资源管理角色变化既可能促进人力资源管理业务模式调整(IRS,1998;Kamoche,1994),也可能成为阻碍组织战略实施的障碍。

可见,组织环境不确定性、组织间关系和人力资源管理角色之间并不是一种简单的线性关系,三者之间存在的交互作用是导致不同企业人力资源管理角色发展构型不一的原因之一。

(二)人力资源管理氛围、人力资源部门社会资本与人力资源管理角色

在人力资源管理角色动因的共同演化框架中,人力资源管理氛围与人力资源部门社会资本的作用逐渐引起人们的关注。

1. 人力资源管理氛围

所谓人力资源氛围,是指组织具备使得各层面人员(上至高层管理者,下至普通员工)能够明确、同心协力地接纳人力资源实践的逻辑与结果的知

识、技能、价值观和态度等(Bowen 和 Ostroff,2004;Nishii 等,2008)。具体来看,以 CEO 为代表的组织高层管理者、人力资源管理者和业务经理的素质是影响组织人力资源氛围的重要根源。

Tsai(1984)发现,人力资源主管的角色与其声望有效性一起对人力资源职能在组织网络中占据核心地位具有极大的影响力。而在 Gratton 和 Truss(2003)看来,分散性的人力资源部门结构设置方式不利于人力资源管理者执行战略性角色,这是因为部门人员的分散会使得人力资源部门缺乏执行统一战略的条件。此外,Purcell(2001)揭示出人力资源主管或总监在组织中的职位层级对人力资源管理效能具有一定影响。而 Truss(2009)的一份实证研究结果也显示:人力资源部门经理任职期限的长短对其能否成功扮演战略性角色非常关键。一般而言,任职期限在 3 年之内的管理者到期后将与继任者进行工作交接,从而影响战略执行的完整性,不利于角色扮演。Harris(2002),Guest 和 King(2004)的研究也都表明,人力资源管理者过于官僚的管理能力和对业务缺乏了解都会造成人力资源管理者的贡献被组织低估。毫无疑问,上述各类研究成果证实了当人力资源管理者在岗位权力、知识结构、人际关系上具备较高水平时对人力资源管理实践所具有的积极影响。

关于组织高层管理者(尤其是 CEO)的态度对人力资源管理职能的影响已经取得了普遍共识。Tyson 和 Fell(1986)针对人力资源管理功能的一份研究表明,人力资源管理功能在组织中扮演的角色主要受到高层管理者决策方式、人事活动计划范畴、人事专员专业程度和人事专员参与组织文化创建的卷入程度的影响。Truss 等人(2002)采用角色设置理论和个体角色理论相结合的方法解释了高层管理者如何通过政治语言和象征物等方式来影响人力资源管理部门角色决定的谈判顺序。而以 Prahalad 和 Bettis(1986)关于主导逻辑的概念为基础,Truss(2009)进一步分析了高层管理者在组织管理与资源配置方面的主导逻辑是如何通过影响人力资源管理部门的组建和资源配置的,进而最终影响到人力资源管理角色和功能运作方式的过程。

Ulrich(1998)和Jalkson(2000)指出,人力资源管理要承担战略伙伴角色必须要将人力资源活动与业务管理者的工作进行整合,并获得业务管理者的积极支持。Truss(2009)认为,组织中其他部门同人力资源管理部门在人力资源管理事务中的联结程度和质量直接影响到人力资源管理功能的角色。而Maxwell和Watson(2006)针对英国希尔顿国际酒店的一项实证研究表明:业务部门参与人力资源管理活动一方面可能提升组织对人力资源管理价值的认同,另一方面也可能由于面临短期压力挤压其承担的人力资源管理责任,导致人力资源管理问题的产生。

2. 人力资源部门社会资本

社会资本概念较早来自社会网络理论,随后被广泛应用到组织管理研究。组织层面上的社会资本概念多是指职能部门、业务单元或组织。Adler和Kwon(2002)认为,社会资本是指由社会关系结构导致产生的一种信誉,它对于组织活动的开展具有积极作用。Nahapiet和Ghoshal(1998)则主张,社会资本是嵌入在关系网络中的真实的或潜在的资源。Colbert(2004)强调了社会资本是蕴藏于关系网络中的隐性的组织层面的资源和能力。

分析人力资源部门的社会资本对于理解人力资源管理职能活动的实施过程具有重要意义(Catherine和Jas,2009)。Kessler等人(2000)在社会资本概念的基础上提出了人力资源部门社会资本的观点,并将之划分为两个部分:结构性社会资本和关系性社会资本。Sunghoon和Seongmin(2011)则将人力资源社会资本划分为三个维度,分别是结构性嵌入、关系性嵌入以及共享性认知框架。

Kim 和 Ryu(2011)通过社会资本这一中介变量探讨了嵌入到个体、群体和组织关系中的资产(即社会资本)如何直接影响到信息流、社会影响力和组织团结,进而影响到人力资源管理服务有效性的问题。Chih-Hsun 等人(2013)则分析了人力资源实践活动与人力资源部门社会资本之间的关系,以及产业特征和知识密集度的调节效应。这些研究证明,将人力资源部门社会资本作为影响人力资源管理角色发展动因的逻辑仍然是合理的。

基于共同演化理论的根本逻辑,构建了一个整合性分析框架(见图 5.6),用以全面理解和诠释人力资源管理角色发展的动因和过程。

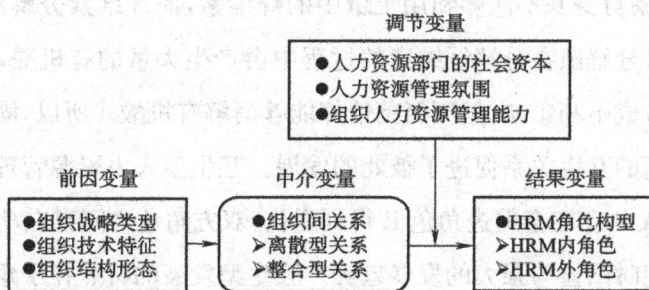

图 5.6 跨边界视角下人力资源管理角色发展的动因和过程

第三节 人力资源管理角色发展态势

组织的人力资源管理角色系统囊括了人力资源管理职能承担的所有角色类型。在内、外因素驱动下角色之间存在着相互增强、相互弱化、此消彼长等演化方式，导致整个角色系统呈现多种变化态势。借鉴生物学意义上的发展关系趋势，可以将人力资源管理角色发展归纳为三种基本态势：互生型发展、共生型发展、拮抗型发展。

一、互生型发展

在生物学上，可独立生活的两种微生物，当它们生活在同一空间时，通过各自的代谢活动而有利于对方，或者偏利于一方的生活方式称为互生。例如，固氮菌自身并不能够利用土壤中的纤维素，而纤维素分解菌却能够。不过纤维素分解菌在分解纤维素的过程中会产生大量的有机酸，对自身的生长繁殖造成不利影响，但固氮菌恰好能够消解有机酸。所以，固氮菌和纤维素分解菌的互生关系促进了彼此的发展。互生型人力资源管理角色发展是指角色 A 的存在会促进角色 B 得到强化，双方角色之间存在功能效果和价值贡献同时凸显与强大的发展趋势。互生型发展的特点在于角色为对方创造有利条件，促进了彼此的繁荣和作用。

人力资源管理战略伙伴角色与知识管理角色之间均存在互生关系。当前，承担战略伙伴等高附加价值的角色是相当一部分企业对人力资源管理部门的首要期望（Ulrich，1999）。而协助组织制订合适的战略规划，并依据环境条件及时修正既定战略中的不足，也成为人力资源管理的首要职责。组织适应和变革研究表明，制定组织战略不仅需要了解组织内在能力的优劣，还需要对内外知识进行充分管理。战略既体现在能够前瞻性地预见外部环境发展趋势，并有计划地培育核心能力；也体现为克服既有惯性，及时做出灵活反应（Volberda 和 Lewin，2003）。因此，不管在哪一方面，对知识进行充分搜集、获取、转化和应用（上述环节都是知识管理角色的重要任务）都是保障战略伙伴角色获得成功的关键。战略伙伴角色与知识管理角色的任务属性高度一致且相关,前一角色形象的树立离不开后一种角色效果的有效实施。从而可以推断:扮演知识管理者的角色行为将增强人力资源管理战略伙伴角色的实施效果;反之 战略伙伴也间接促进了看门人角色效果的改善。所以,两种角色彼此增强。

变革代理人角色与和跨边界关系构建者角色间也是一种互生型发展。由于产品和技术创新往往成为引导组织变革的有效载体,也是组织适应市场变化的一种常用策略。参与新技术或新产品开发成为人力资源管理扮演变革代理人角色的关键方式。Isabel 等人(2013)指出,在开放式产品创新过程中,从开发意图的形成到最终成品推广往往都需要借助跨组织联盟团队的合作来完成;而组织资源尤其是一些关键资源可能跨越组织边界而嵌到组织间流程和程序中(Dyer 和 Singh,1998;Mesquita 等,2008),因而需要借助人力资源管理跨边界实践活动的协调来创造积极氛围,促进产品创新(Chatenier 等,2010)。由此可以认为,跨边界关系构建者与变革代理人角色之间具有相互增强的效果,两者是一种互生型发展关系。

二、共生型发展

生物学意义上的共生关系是指两种相互依赖的微生物在生理上相互分工、互换生命活动的产物,一旦彼此分离,各自就不能很好地独立生活的一种生活方式。共生关系是高度发展的互生关系。人力资源管理角色发展过程中,角色 A 只能依赖于角色 B 得到发展,一旦角色 B 受阻则角色 A 也将遭受破坏,反之亦然。共生型发展的特点在于角色间相互牵制,但彼此的存在并不见得能够促进对方获利。

人力资源员工代言人角色与变革代理人角色间维持着共生型发展态势。由于组织变革往往会涉及组织结构、管理方式、经营方式、文化观念和组织政策等的调整(黄和平,1996),员工对待变革的态度会直接影响到组织变革的成败。冯彩铃等人(2014)指出,只有那些对变革产生信任,或者自身存在一种责任感来支持变革的员工才会愿意为变革付出更多。而员工对变革的顾虑往往成为阻碍变革的一道高墙,进而展现出抵抗变革的行动。杜旌和崔雨萌(2019)研究发现,变革前企业中存在不完整的信息和消极的非正式信息都会对员工的变革认知造成冲击,从而使得员工对变革展现出消极情绪与抵制。

　　而员工代言人的主要任务正是通过贴心为员工服务,消除员工在工作中面临的担忧和焦虑,同时通过提供帮助确保员工利益得到相应保障。Ulrich 和 Brockbank(2005)的研究也表明,当人力资源管理扮演变革代理人形象时,如果不能有效消除变革给员工带来的负面影响,那么成为变革代理人的美好愿望就有可能落空。由此可预见,如果在员工代言人角色上存在失误或不足,人力资源管理将无法胜任变革代理人的角色期待。

三、拮抗型发展

　　一种微生物在其生命活动的过程中,通过产生某种代谢产物或者改变环境条件,抑制甚至杀死其他微生物的关系,称为拮抗关系。人力资源管理角色中,角色 A 的存在直接导致角色 B 不断消解或者被抑制发展,这种发展关系即为拮抗型发展态势。拮抗型发展现象的产生往往是因为存在角色冲突。角色理论指出,主体在扮演多种角色时往往会因投入(时间、精力或其他资源等)不足而导致角色冲突现象产生。人们往往认为,角色无法共存的现象背后是资源争夺的结果。

　　Harry 等人(2011)指出,当按照战略人力资源管理理念进行重构时,人力资源管理者不仅会尽量争取成为管理团队中的领导者来体现其战略性价值,往往还会优先考虑满足组织的商业需求。但是,这样做带来的后果就是对人事管理事务的忽视,以及逃避承担员工发言人的责任。所以,Wilcox(2000)认为,推崇战略性人力资源管理理念的组织中会将员工当作经济人,从而放弃充当维护员工利益的员工发言人角色,由此,在从人力资源管理阶段向战略性人力资源管理阶段发展过程中,员工发言人角色可能会因战略伙伴角色而无法得到重视,乃至在一些组织逐渐消失。

拮抗型发展态势是角色发展过程中的一种扬弃,是对于组织资源(能力、精力和贡献等)的一种重新配置。某种角色的消失或弱化客观反映了角色之间在资源争夺和力量对比上的悬殊。角色功能的弱化并不完全意味着该角色就失去了其存在的价值,也可能折射出组织人力资源管理职能迈入了新的发展阶段。换言之,一种角色的消减为另一种角色的产生和发展提供了空间与可能。正如员工代言人角色形象从来就没有从人力资源管理角色体系中消失。尽管其价值贡献在越发激烈的商业竞争中不可能再获得极高的评价,但大多数组织对人力资源管理这一传统角色的期望始终存在。

需要注意的是,角色之间并非只有一种发展关系,外部条件的变化既可能使两种角色从拮抗型发展态势转化为共生型发展态势,也可能演化为互生型态势。这一点可从行政管理专家角色与战略伙伴角色的复杂关系得到验证。研究表明,从人力资源管理过渡到战略性人力资源管理,很多大型美国企业倾向于采用分权化的人力资源管理模式,即将大量常规和技术性的人力资源管理事务下放到业务部门,人力资源部门只需要完成核心任务(Larsen 和 Brewster,2003;Kulik,2004)。在管理权下放的背景下,只要人力资源管理专业人员具备战略眼光和服务意识。及时、准确识别出业务部门的需求,并提供恰当的服务,人力资源管理部门就能不被烦琐的事务牵制,专注于核心任务的执行,扮演好战略伙伴角色。但是行政管理专家与战略伙伴维持共生型发展必须具备一定的条件，否则就可能同时在两种角色的扮演上都不成功（Renwick，2003；McGovern 等，1997；Bond 和 Wise，2003）。研究发现导致角色发展态势变化的关键条件在于——组织是否将人力资源外包服务机构引入企业，构建了多维服务传递体系。由于人力资源外包服务商能够为业务管理者提供及时的服务咨询与指导，不仅使得人力资源管理者能心无旁骛地担任战略伙伴的角色，也使得业务管理者能够妥善完成人力资源管理事务。所以，当组织同时采取分权和外包模式时，行政管理专家与战略伙伴角色不再由人力资源管理部门单独承担，两种角色之间的交互影响降低，并表现为各自沿着自己的路径发展。相反，如果组织仅仅采用分权模式，那么人力资源管理部门可能会因对业务部门提供的支持不足而遭到抵制，但也并不能妨碍他们在参与战略制定方面获得好的口碑。

综上所述，构成人力资源管理角色发展的基本过程其实是三种发展关系在不同时间轴上交替发生和往复作用的结果。角色既可能得到增强，也可能促进彼此更新、彼此抑制。

第六章

人力资源管理角色发展动因的实证研究设计

　　较之发达国家人力资源管理角色发展水平,我国企业人力资源管理起步较晚,从业人员素质参差不齐,人力资源管理部门在组织中扮演的角色也有很大差异,那么我国企业人力资源管理角色发展动因的作用效果如何?在系统阐述人力资源管理角色的基本结构特征及其发展动因与态势后,本章将对中国企业人力资源管理角色发展的影响因素进行实证研究。

　　本章共分三节:第一节介绍实证研究的问题和理论假设;第二节主要对研究方法、变量测量、问卷设计与数据收集过程进行较为详细的论述;第三节对样本特征、变量的因子结构、因子的信度和效度进行统计分析,开展假设检验。

第一节　研究问题和假设提出

一、研究问题

自 20 世纪 80 年代战略性人力资源管理理论兴起,围绕人力资源管理职能角色类型及转变的相关探讨开始增多。早期的研究表明,人力资源管理角色不仅受到组织战略、组织文化、组织生命周期、组织技术等的影响,同时组织外部环境特征(产业关系、环境不确定性)也对人力资源管理角色发展具有关键作用。随后,针对人力资源管理者的胜任力与其角色扮演效果的关系分析得到进一步关注。这些研究都揭示出人力资源管理角色发展动因的复杂性。

在实证研究中,多数学者主要是针对 Ulrich(1998)提出的人力资源管理角色类别进行检验,几乎没有对因组织边界由封闭到开放后,组织间人力资源管理业务兴起导致人力资源管理外部角色产生予以解释。事实上,跨组织边界的人力资源管理角色的不断发展,使人力资源管理职能承担了一些诸如使者、关系构建者、任务协调者和看门人等的新任务,这些新任务赋予人力资源管理职能新的角色形象(即人力资源管理外部角色)。对人力资源管理内部角色及其外部角色进行整体研究显得尤为必要,也对全面了解不同动因在角色发展过程中的具体作用具有现实意义。

鉴于此，在文献回顾和理论分析基础上，以我国企业人力资源管理职能部门为研究对象，提出并分析组织结构和组织战略在人力资源管理角色发展中的影响作用，同时以组织间关系为中介变量，以人力资源部门社会资本作为调节变量，针对人力资源管理角色发展机理进行实证研究。

二、组织创新战略与人力资源管理角色发展之间的关系

主流理论对组织创新战略类型与人力资源管理角色间的关系持积极的态度，但在具体观点上有细微的差别。部分学者认为，战略是影响人力资源管理实践和政策制定的前因变量，人力资源管理政策、实践需要依托组织战略的类型来制定，如 Fombrum（1984）提出了 HRM 匹配模式。Truss（2009）认为，组织战略选择框架决定了人力资源管理专业人员在角色决策中的选择程度。基于此，提出假设 1。

假设 1：组织创新战略对人力资源管理角色扮演的倾向性具有显著影响。

一般认为，组织创新战略具有不同模式，按照创新活动的来源不同或创新活动的信息流动方向的不同，大致可以划分为开放式创新战略和封闭式创新战略。汪涛等人（2013）认为，开放式创新是一种通过创新活动地图的改写及组织边界的突破，同时利用组织内外互补的创新资源，在创新链的各个阶段与多种合作伙伴进行多角度动态合作的创新模式；相比传统的封闭式创新模式，开放式创新更强调最大限度地利用组织内外资源来完成价值创新过程。

既有研究表明，伴随公司与消费者之间的合作加强、产品生命周期的缩

短以及组织竞争环境不确定性的增加,企业在创新战略上逐渐从封闭式创新向开放式创新调整(Gassmann 和 Enkel,2004;Chesbrough 和 Crowther,2006;Vanhaverbeke 等,2008)。开放式创新不仅出现在高科技企业中,在中等和较低技术程度的公司中,开放式创新的趋势也在不断增加(Chesbrough 和 Crowther,2006;Batterink,2009)。开放式创新是以渗透式的创新过程及同外部环境之间建立起紧密互动关系为典型特征。Chesbrough 等人(2007)认为,除了需要与其他公司展开合作或兼并来实现将外部资源内部化这一过程,通过专利授权、特许经营和人员派遣等方式,将组织内部智力资产充分运用到新市场中也是实施开放式创新的必要条件(Chesbrough,2007;Arora 等,2001)。Gassmann 和 Enkel(2004)的研究指出,开放式创新战略往往有不同的表现形式,大致可以划分为三种基本类型,即由外至内的创新、由内至外的创新和两者兼具的创新。由外至内的创新,更强调在与外部企业的共同创新活动中找到服务于自身组织创新所需的资源或方法;由内至外的创新,选择将内部资源外部化来实现新市场的开发;两者兼具的创新将同时运用上述两种活动。Dahlander 和 Magnusson(2005)却认为,开放式创新战略的使用者会尽可能从共同创新活动中发现资源和寻找解决方案来满足自身组织的需求。事实上,不管是采用哪一种开放式创新类型,组织之间不同层面上的合作(员工之间的合作、部门之间的合作、职能之间的合作等)都将变得更加密切。依照战略人力资源管理观点,为了实现人力资源管理与组织战略之间的垂直整合,在开放式创新战略导向下人力资源管理部门必然向外部利益相关者提供更多的服务,如促进合作双方的价值观整合、增进外部知识的内部化利用、协调组织间合作业务的开展等。同时,为了实现外部知识的内部整合,人力资源管理扮演内部角色的可能性也将增大。由此可以推断:在开放式创新战略的组织中,人力资源管理将承担起更多的外部角色,以促进组织与环境的交流与互助;也将承担起更多的内部角色,以促进内部各部门间的协同与合作。因此,形成假设 1-1(见图 6.1)。

假设 1-1(a):组织开放式创新战略程度对 HRM 内部角色扮演的倾向性具有显著的正向影响。

假设 1-1(b):组织开放式创新战略程度对 HRM 外部角色扮演的倾向性具有显著的正向影响。

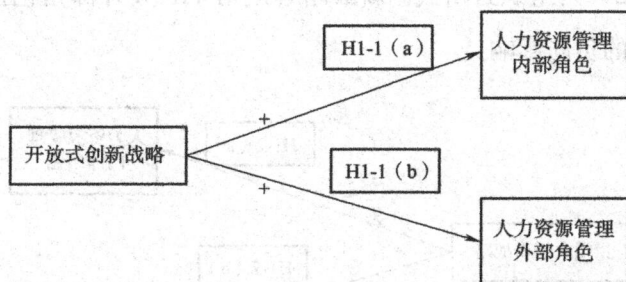

图 6.1　开放式创新对人力资源管理角色扮演倾向性的影响

虽然开放式创新战略在复杂的外部环境下获得了广泛运用,但相当多的研究者认为,封闭式创新作为一种主流的创新模式仍然具有价值,开放式创新战略仅仅是对其的一种补充,而非替代(Lichtenthaler,2009;Laursen 和 Satter,2006;Vanhaverbeke 等,2007)。因此,在大量的组织实践中,封闭式创新战略仍然具有普遍价值。Gadde 和 Mattsson(1987)认为,在封闭式创新战略的组织中,内部团队、目标明确的部门之间的合作将会被重视,并成为主导创新活动的关键。一些研究者也认为,在封闭式创新战略的组织中,企业会更加重视已有流程的再次开发,挖掘既有知识的潜在能力。因此,对公司内部人员之间的知识进行整合,对不同部门之间的业务进行重组的可能性会大大加强。由战略性人力资源管理观点可知,人力资源管理职能部门将为组织内部利益相关者提供更多的服务,并承担起相应的角色。由此可以推断,在实施封闭式创新战略的组织中,人力资源管理部门将主要服务于公司内部需求,扮演更多的内部导向型角色形象(即人力资源管理内部角色),但对外部角色的承担具有抑制作用。鉴于此,形成假设 1-2(见图 6.2)。

假设 1-2(a):组织封闭式创新战略程度对 HRM 内部角色扮演的倾向性具有显著的正向影响。

假设 1-2(b):组织封闭式创新战略程度对 HRM 外部角色扮演的倾向性具有显著的负向影响。

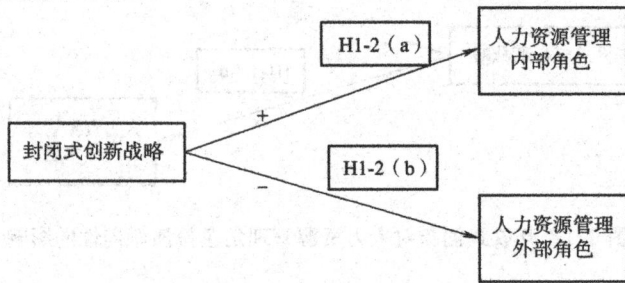

图 6.2　封闭式创新对人力资源管理角色扮演倾向性的影响

三、组织结构与人力资源管理角色发展的关系

组织结构是一种反映组织是如何安排其内部活动和功能的正式形式(Gibson 等,2006)。组织结构的划分标准很多,如果按照权力集中化与专业化程度则可以将组织结构划分为机械式组织和有机体组织两种典型形式。

在机械式程度高的组织中,权力相对集中在高层管理者手中,组织专业

化分工程度高,因此企业人力资源管理的职能模式主要存在两种状况:其
一,由人力资源管理部门负责大部分业务,并将少部分行政管理事务外包给
第三方机构承担;其二,人力资源管理部门承担大部分业务,公司内部业务
管理者分担少量的人力资源管理业务。不论在哪种情况下,人力资源管理
部门都会以内部角色为主,其外部角色服从于内部角色的需求。因此,组织
结构的机械化程度越高,将造成人力资源管理部门承担更多的内部角色
任务。

相对而言,在机械化程度较低的组织中,人力资源职能外包、人力资源
分包等状况比较普遍。利用外包管理,人力资源部门可以借助专业化服务
机构来向业务部门提供定制化产品,而其自身能更加关注核心业务的管理。
因此,在此情景下,人力资源管理部门会加强服务供应商之间的关系建设,
承担更多的外部角色。基于此,提出假设 2(见图 6.3)。

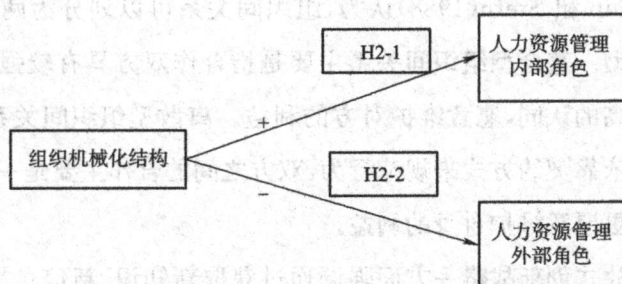

图 6.3　组织结构对人力资源管理角色扮演倾向性的影响

假设 2:组织结构的机械化程度对人力资源管理角色扮演的倾向性具
有显著影响。

假设 2-1:组织结构的机械化程度对企业 HRM 内部角色扮演的倾向性
具有显著的正向影响。

假设 2-2：组织结构的机械化程度对企业 HRM 外部角色扮演的倾向性具有显著的负向影响。

四、组织间关系的中介效应

如前所述，组织创新战略、组织结构都是影响人力资源管理角色选择的决定因素。传统意义上认为，组织创新战略主要是依靠内部资源或活动来实现。然而，随着与外部伙伴合作进行创新的广泛成功（Sakakibara，2002），组织间关系成为分析组织开放式创新活动的新视角（Shih-Kuan Chiu 和 Kay-Feng Chang，2009），可能作为组织创新战略对人力资源部门角色选择影响时的重要途径。因此，提出假设 3。

假设 3：组织间关系在组织创新战略与人力资源管理角色扮演倾向的关系中具有显著的中介作用。

Kaufmann 和 Stern（1988）认为，组织间关系可以划分为两种类型，整合型和离散型。整合型组织间关系主要是指合作双方具有较强的信任，并对未来有较高的认同，愿意维护对方的利益。离散型组织间关系则是指合作双方主要依靠契约方式来规范行为，双方之间的合作主要是一次性的，在合作过程中更愿意维护自身的利益。

由于开放式创新战略一方面强调通过获取新知识、新信息来满足消费者的未来需求（Zelong Wei，Yaqun Yi 和 Changhong Yuan，2011），因此充分利用外部资源将变得格外重要；另一方面，开放式创新也鼓励通过将自有知识产权外包或依靠许可经营的方式来扩大知识产权的收益。因此，奉行开放式创新战略的组织将更倾向于鼓励内部各职能与外部伙伴之间建立整合型的组织间关系。既有研究表明，组织与外部伙伴之间关系的强弱首先会影响组织整合外部知识的方式（Dyer 和 Singh，1998；Chi，1994），进而影响组织人力资源管理实践形式的选择。针对制造企业的实证研究发现,当制造企业与供应商之间的合作程度越高时,供应商更有可能实行与制造企业类同的人力资源管理实践模式,同时在维系双方关系上更愿意投入较多的资源。由此可见,整合型的组织间关系将对其外部角色选择带来正向影响。基于此,提出假设 3-1。

假设 3-1:整合型组织间关系在开放式创新战略与人力资源管理角色扮演的倾向性的关系中具有显著的中介作用(见图 6.4)。

假设 3-1(a):开放式创新战略通过正向影响整合型组织间关系,进而正向影响 HRM 内部角色扮演的倾向性。

假设 3-1(b):开放式创新战略通过正向影响整合型组织间关系,进而正向影响 HRM 外部角色扮演的倾向性。

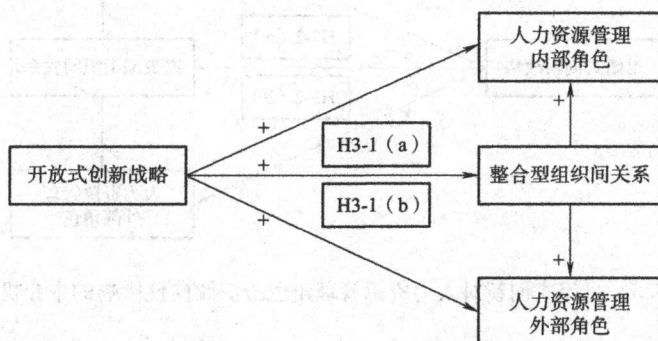

图 6.4 开放式创新对人力资源管理角色扮演倾向性影响的中介机制

就封闭式创新战略而言,组织将更加强调对已经存在的内部资源、工作流程等的开发来获得新的竞争机会,服务于内部业务的需求将变得更为突出。因此,在封闭式创新战略导向下,人力资源管理部门与外部合作伙伴之间的关系构建将会受到一定程度的阻碍,将更加倾向于与组织内部业务部门之间建立良好的合作关系,以此树立自身形象。因此,当人力资源部门在外部关系维持上仅投入少量的精力时,其与外部伙伴之间的关系将主要基于契约方式来构建,也更愿意维持组织自有的人力资源管理体系的独立性,减少对外部伙伴的依赖。基于此,提出假设 3-2(见图 6.5)。

假设 3-2:离散型组织间关系在封闭式创新战略对人力资源管理角色扮演的倾向性的影响中具有显著的中介作用。

假设 3-2(a):封闭式创新战略通过正向影响离散型组织间关系,进而正向影响 HRM 内部角色扮演的倾向性。

假设 3-2(b):封闭式创新战略通过正向影响离散型组织间关系,进而负向影响 HRM 外部角色扮演的倾向性。

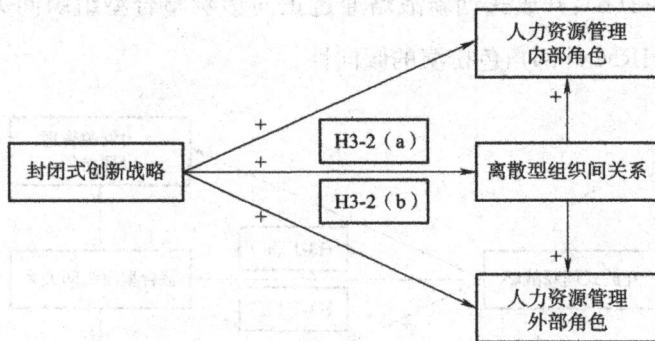

图 6.5　封闭式创新对人力资源管理角色扮演倾向性影响的中介机制

五、人力资源部门结构型资本的调节作用

对于社会资本概念的结构内容,研究者存在诸多的差异。社会网络理论将社会资本看作能为个人带来好处的某种特征(Belliveau,O'Reilly 和 Wade,1996;Perry-Smith,2006;Zhou 等,2009)。组织管理学的研究则强调社会资本作为社会单元特征的一面,其主张:社会资本不仅为个人带来益

处,同时为作为整体的社会单元带来好处(Bourdieu,1986;Coleman,1988)。这一视角表明,社会资本更主要是一种公共事物,宜从整体层面来展开研究。

对于社会资本构成,Tsai 等人(1998)进行了分析。研究表明,结构型社会资本、关系型社会资本和共同认知是影响社会资本大小的关键因素。Kessler 等人(2000)则在社会资本概念的基础上提出了人力资源部门社会资本的观点,并将之划分为两个部分:结构性社会资本和关系性社会资本。结构型社会资本主要由人力资源部门在组织结构中的位置,以及人力资源管理人员在高层管理团队中的地位来决定;而关系型社会资本主要受到人力资源专业人员和其他业务管理者之间的私人关系的影响。由于人力资源管理职能角色发展主要受到人力资源部门在组织中获得的权力大小、承担的工作内容的影响,所以借鉴了 Kessler 的人力资源部门社会资本的概念,仅选择从结构型社会资本维度对人力资源部门社会资本大小进行测量。

研究表明,当人力资源管理部门占据更高的组织管理层级,拥有更高的组织地位时,人力资源管理职能满足组织对其角色要求的可行性将增大;同时,人力资源管理部门更容易获得组织资源以满足其角色建设的诉求。换言之,在较高水平的人力资源部门社会资本情况下,人力资源管理扮演内外角色的可能性都将得到增强。

相反,当人力资源管理部门在组织管理层级中的位置偏低时,人力资源管理部门不容易获得组织制度带来的保障,难以介入其他职能部门的工作流程,因此,其角色扮演的诉求会被削弱。此外,较低的结构型社会资本也不利于人力资源管理部门与外部伙伴之间展开平等对话,导致他们在外部关系构建中无法充分代表组织形象。基于此,在较低水平的人力资源部门社会资本情况下,人力资源管理扮演内、外角色的可能性都会遭到削弱。

基于以上分析,提出假设4。

假设4:人力资源部门结构型社会资本在组织创新型战略对人力资源管理角色扮演的倾向性的影响间具有显著的调节作用(见图6.6和图6.7)。

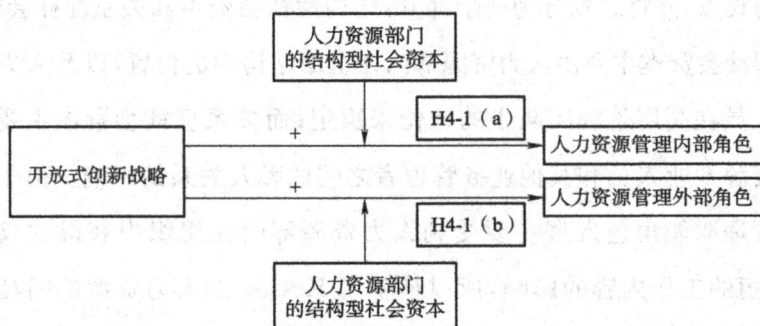

图 6.6　人力资源部门结构型社会资本的调节作用(一)

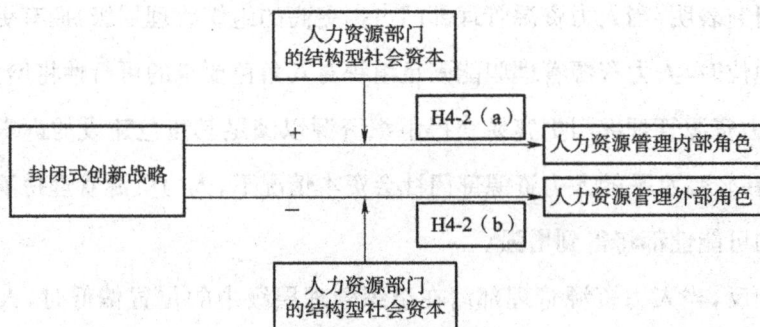

图 6.7　人力资源部门结构型社会资本的调节作用(二)

假设4-1(a):人力资源部门结构型社会资本在开放式创新战略对HRM内部角色的影响将具有显著的正向调节作用。具体来说,随着人力资源部门结构型社会资本程度的提高,开放式创新战略对 HRM 内部角色扮演倾向的正向影响程度将得到增强。

假设 4-1(b):人力资源部门结构型社会资本在开放式创新战略对 HRM 外部角色的影响间具有显著的正向调节作用。具体来说,随着人力资源部门结构型社会资本程度的提高,开放式创新战略对 HRM 外部角色扮演倾向的正向影响程度将得到增强。

假设 4-2(a):人力资源部门结构型社会资本在封闭式创新战略对人力资源管理内部角色的影响间具有显著的正向调节作用。具体来说,随着人力资源部门结构型社会资本程度的提高,封闭式创新战略对人力资源管理内部角色扮演倾向的正向影响程度将得到增强。

假设 4-2(b):人力资源部门结构型社会资本在封闭式创新战略对人力资源管理外部角色的影响间具有显著的正向调节作用。具体来说,随着人力资源部门结构型社会资本程度的提高,封闭式创新战略对人力资源管理外部角色扮演倾向的负向影响程度将得到增强。

将上述各假设汇总后可以得到图 6.8 所示的实证分析框架。

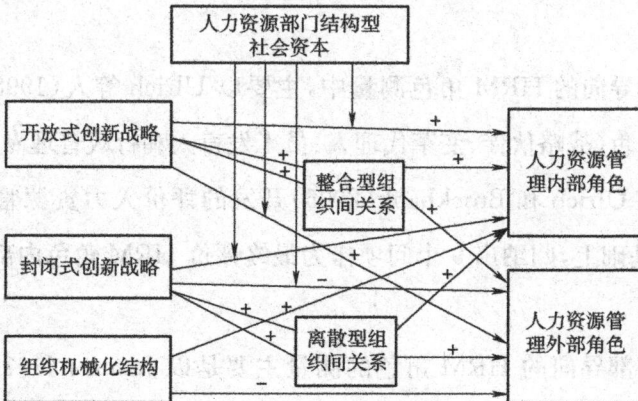

图 6.8　实证分析框架

第二节　研究设计与数据获取

一、变量测量与量表开发

1. 因变量

因变量是不同企业人力资源管理职能部门的角色类型。虽然在人力资源管理角色类型上有不同的分类方法,但在以往的研究中主要是使用 Ulrich(1998,1999)的标准进行划分。由于研究是以跨组织边界为分析视角,因此,将采用外部角色与内部角色的分类标准对人力资源管理职能角色进行界定。

在内部导向的 HRM 角色测量中,主要以 Ulrich 等人(1998,1999)划分的四种角色(战略伙伴、变革代理人、员工发言人和行政管理专家)作为基本形式。在 Ulrich 和 Brockbank(2005)开发的评价人力资源管理角色的 14 个条目基础上,归纳出 9 个问项作为最终评价 HRM 角色内部导向性程度的量表。

对于外部导向的 HRM 角色的测量主要是以 Jemison(1979),Adams(1980)和 Richard 等人(1978)开发的四种跨边界角色(使者、关系构建者、任务协调者和守门人)为基本形式。以 Deborah 和 David(1990)关于跨边界角色评价的 24 个条目为基础,重新归纳出 8 个问项作为测量 HRM 角色外部导向性程度的量表。

2. 自变量

将企业创新战略与组织结构作为自变量,根据之前的研究,使用开放式创新战略和封闭式创新战略两种类型对企业战略进行测量。对组织结构的测量将以机械化程度作为测量标准,得分越高表明组织的机械化程度越高;得分越低说明组织的有机体程度越高。

针对组织创新战略类型的测量,主要借鉴了 Miles 和 Snow(1978),Snow 和 Hrebiniak(1980)的量表,从 8 个问项上对变量进行测量。借鉴了Duncan(1971)编制的测量组织有机体程度的量表,从四个方面,即工作决策的参与程度、工作流程的正规化程度、组织管理层级的数量以及内部劳动力分工情况对被试企业组织结构的机械化程度进行测量。在具体问项的表述中采用了反向表述的方式。

3. 中介变量

由于组织间关系主要分为整合型组织间关系和离散型组织间关系,因此主要选取企业人力资源管理部门与外部服务商之间对合作的信念和由此采取的行动两个指标来衡量。在具体测量中,主要借鉴了 Kaufmann 和Stern(1988)构建的组织间关系的测量量表,通过 9 个问项对组织间关系类型进行测量。

4. 调节变量

按照 Kessler(2000)对人力资源部门社会资本构成的分析,人力资源部门的社会资本主要由结构型社会资本和关系型社会资本构成。人力资源部门结构型社会资本主要指人力资源部门在组织结构中的位置,以及人力资源管理人员在高层管理团队中的地位。人力资源部门关系型社会资本则主要受到人力资源专业人员和其他业务管理者之间的私人关系的影响。考虑到主要是针对职能角色进行探讨，因此只考虑对人力资源部门结构型社会资本的作用。借鉴 Kessler(2000)编制的成熟量表，用 6 个问项对变量进行测量，如人力资源管理人员在公司高层管理团队中占有一席之地、人力资源管理部门在人员任命时享有一票否决权等。

5. 其他变量

一些学者指出，在不同行业企业中，人力资源管理职能所从事的管理活动将存在明显差异，提出高新技术企业对人力资源管理充当战略伙伴与变革伙伴的需求更为强烈；传统行业企业更看重对员工的开发管理。同样，在不同所有制企业中人力资源管理职能在业务内容上有很大不同，因此，人力资源管理者扮演的角色形象也有显著悬殊。也有一些学者指出，员工规模将造成人力资源管理业务形态的差别。鉴于此，笔者在问卷设计时也针对企业所有制形式、行业类型和员工规模等相关内容进行了数据收集。

二、问卷编制与预调研

本调查问卷的编制主要分为两个阶段：第一阶段主要是在文献研究基础上编制调查问卷的相关问项，通过与多名人力资源管理专业人员和从事人力资源管理研究的专家(高校教师)进行沟通，就问卷的设计咨询他们的看法。随后，针对编制的问卷进行预调研以检测各问项设计的合理性。

第二阶段则依据初步编制的调查问卷进行预调研。主要针对天津商业大学商学院已经毕业的人力资源管理专业学生进行数据采集，研究目的在于了解问卷设计内容的合理性和问项表述的清晰度。本次调研主要是以电子邮件的形式在 QQ 群发放并回收,共发放问卷 48 份,回收的有效问卷 47 份。在预调研结果的基础上,重新对问卷进行了调整和修改。

最后形成的正式调查问卷一共包括三部分内容。第一部分为背景资料调查,主要就被调查企业所在的行业类型、企业所有制形式、企业规模和受访者所在部门特征进行了解。本部分一共包括 4 个题目,均为单项选择题。第二部分主要针对被调查企业人力资源管理职能扮演的内、外角色类型进行测量,包括 17 个问项。例如,在针对人力资源管理扮演的外部角色测量中,要求被调查者就人力资源管理部门经常为公司收集和过滤来自外部环境中的信息(如政治信息、业务信息等)进行评分。第三部分主要针对影响人力资源管理角色扮演倾向的前因变量、调节变量和中介变量进行测量,共包括四个题目。第一题共计 9 个问项,主要针对被调查企业人力资源管理部门与外部合作者之间的组织间关系类型进行测量。第二题共计 6 个问项,主要针对企业组织结构形态进行测量。第三题共计 8 个问项,主要针对企业所采用的创新战略类型进行测量。第四题共计 6 个问项,主要针对人力资源管理部门结构型资本进行测量。

所有问项均采用 Likert 5 级量表进行评价。例如,在针对组织战略类型的测量中,要求被调查者就"公司对市场的反应比较缓慢,只有在面临强烈的外部环境压力时,公司才会进行变革"进行评分。调查问卷题项类别及来源见表 6.1,具体内容详见附录。

表 6.1　中国企业人力资源管理角色发展动因实证分析问卷的题项及来源

编　号	题项内容	量表来源
第一部分	调查目的:被调查企业的基本状况 题项数量:共计 4 题	—
第二部分	调查目的:企业人力资源管理职能角色的任务结构特征 题项数量: 人力资源管理外部任务角色与内部任务角色:共 17 个问项	Ulrich 等人(1998,1999); Ulrich 和 Brockbank(2005); Deborah 和 David(1990)

续上表

编　号	题项内容	量表来源
第三部分	调查目的:影响人力资源管理角色发展动因的变量 题项数量: (1)企业的组织间关系类型:共计 9 个问项 (2)企业组织结构机械化程度:共计 6 个问项 (3)企业战略类型:共计 7 个问项 (4)人力资源管理部门的结构型社会资本特征:共 6 个问项	Duncan(1971);Miles 和 Snow (1978)，Snow 和 Hrebiniak (1980),Kessler(2000)

三、数据收集与样本特征

1. 样本的选择

以企业人力资源管理职能为分析对象,探讨影响组织人力资源管理角色构型各因素的作用效果。由于企业人力资源管理职能的主要承担者是人力资源管理部门,因此是否具有独立的人力资源管理部门是样本筛选的基本条件。同时,相比基层员工和一般技术人员,CEO、人力资源部门经理和业务部门管理者(包括财务、行政管理等职能部门)更熟悉本企业人力资源管理的实际状况。鉴于此,调查问卷主要面向企业的 CEO、人力资源部门经理和业务经理发放。

2. 数据收集

正式调研过程采用了电子邮件、微信、QQ、在线填写和纸质材料发放等多种方式,并在问卷填写之前就填写规范与被调查者进行了沟通,确保被调查者能够完全理解填写的相关要求。正式调研共计发放问卷 264 份,累计回收问卷 122 份,剔除明显不合格问卷 4 份,回收的有效问卷为 118 份,有效回收率为 44.7%。在回收的有效问卷中,通过电子邮件方式回收的共计 96 份,纸质材料填写的共计 22 份。

3. 样本特征

在本次接受正式调研的 118 家企业中,按照企业所在的行业划分,传统行业企业共 63 家、高新技术企业 30 家、社会服务类企业 25 家;而从企业所有制形式看,国有企业 36 家、民营企业 61 家、三资企业 21 家;从企业员工规模来看,中小型企业共计 54 家,大型企业共计 64 家。接受调研的对象有 38.1% 来自人力资源管理部门,另有 61.9% 来自非人力资源管理部门。样本的描述性统计特征及样本涉及变量的描述性统计数据见表 6.2。

表 6.2　统计样本的特征描述

变量名称	类别	频数(家)	频率(%)
行业类别	传统行业	63	53.4
	高新技术产业	30	25.4
	社会服务业	25	21.2
所有制形式	国有企业	36	30.5
	民营或股份制企业	61	51.7
	三资企业	21	17.8
员工规模	中小型企业	54	45.8
	大型企业	64	54.2
部门	人力资源管理部门	45	38.1
	非人力资源管理部门	73	61.9

注:$N=118$。

第三节　样本特征与信度检验

通过对正式调研回收的 118 份有效问卷的数据进行录入与整理之后,

首先对测量工具进行了信度和效度检验。

一、检验方法与评价标准

社会学科学领域中针对李克特量表的信度估计主要采用 Cronbach'α 系数的方法(Cronbach,1951)。Nunnally(1978)认为 α 系数等于 0.70 是一个较低但可以接受的量表边界值,Cronbach'α 系数大于 0.70,则代表各分量表具有较好的内部一致性与稳定性。通过使用 SPSS 计算各分量表的 Cronbach'α 系数,分别对人力资源管理角色、组织创新战略、组织结构、组织间关系和人力资源部门社会资本进行了总体检验。

在效度检验上,由于本调查问卷变量的测量主要是在成熟量表的基础上进行的再次开发,因此其内容效度有了一定程度的保证。在此基础之上,采用探索性因子分析方法,利用 SPSS 22.0 软件对调查问卷中各变量的因子分类和因子载荷值进行了检验,并进一步对每个因子的 Cronbach'α 系数进行统计。

二、人力资源管理角色类别量表的检验

人力资源管理职能角色共包括 17 个测量条目,总体的 Cronbach'α 系数为 0.947,大于 0.70,总体说明该量表具有较好的信度水平,可以进行进一步的分析与检验。

随后对人力资源管理职能角色的 17 个测量条目进行探索性因子分析,得到 KMO 值等于 0.915,Bartlett 球形检验的近似卡方分布为 1 513.516,自由度为 136,显著性概率为 $p=0.000<0.05$,达到显著水平,表示人力资源管理角色的 17 个问项变量具有共同因素存在,数据整体适合进行因子分析。

采用主成分抽取主因子,按最大方差法进行旋转,以特征值大于 1 为标准抽取主因子,得到 2 个主因子,其累计解释的变异量达到 64.934%,而且每个因子的因子载荷值均高于最低建议值 0.5,表明量表通过效度检测,分析结果见表 6.3。同时,从旋转后各输出变量在共同因子上的结构负荷量可以看出:因子 1 包含问项 1~8,反映了人力资源管理部门在外部事务管理中的角色类型,故命名为 HRM 外部角色;其旋转后的特征根为 5.623,贡献率为 33.076%,该因子的 Cronbach'α 系数为 0.931。因子 2 包含问项9~17,反映了人力资源管理部门在内部管理与整合中的角色类型,因此命名为 HRM 内部角色,其旋转后的特征根为 5.416,贡献率为 31.858%,该因子的 Cronbach'α 系数为 0.916。

表 6.3　人力资源管理角色的探索性因子分析结果

测量条目	成　　分		提　　取
	因子 1 (HRM 外部角色)	因子 2 (HRM 内部角色)	
人力资源政策宣传(5)	0.859	0.286	0.819
组织文化宣传(4)	0.826	0.258	0.749
完成信息传递(2)	0.809	0.225	0.705
外部信息收集(1)	0.789	0.128	0.639
监控环境风险(3)	0.767	0.327	0.695
促进合作双方了解(6)	0.736	0.339	0.656
维持合作关系(7)	0.626	0.462	0.606
加强外部即时沟通(8)	0.610	0.490	0.612
注重员工沟通(16)	−0.051	0.808	0.656
提供业务咨询服务(14)	0.371	0.756	0.710
具备战略意识(10)	0.241	0.744	0.612
重视工作经验的推广(9)	0.330	0.736	0.650
从事行政管理(17)	0.266	0.701	0.562
参与战略制定(12)	0.366	0.685	0.603

测量条目	成　分		提　取
	因子 1 (HRM 外部角色)	因子 2 (HRM 内部角色)	
进行员工管理(13)	0.404	0.653	0.590
参与战略执行(11)	0.408	0.649	0.588
进行员工培养(15)	0.438	0.628	0.587
Cronbach'α	0.931	0.916	——
旋转后的特征根	5.623	5.416	——
旋转后的贡献率	33.076%	31.858%	——
累计贡献率	64.934%		

三、组织创新战略的量表检验

组织创新战略共包括 7 个测量条目。总体的 Cronbach'α 系数为 0.648，略小于检验标准 0.70，说明该量表的信度水平存在一定风险。鉴于该结果与检验标准的差距有限，且满足进一步的检验，这里仍对该量表进行进一步的统计分析。

分析结果得到，组织创新型战略量表的 KMO 值为 0.800，Bartlett 球形检验的近似卡方分布为 361.794，自由度为 21，显著性概率为 $p=0.000<0.05$。这些结果说明该量表适合进行探索性因子分析。

采用主成分抽取主因子，按最大方差法进行旋转，以特征值大于 1 为标准抽取主因子，得到 2 个主因子，其累计解释的变异量达到 71.924%，且每个因子的因子载荷值均高于最低建议值 0.5，表明量表通过效度检测，具体结果见表 6.4。从旋转后各输出变量在共同因子上的结构负荷量可以看出：因子 1 包含问项 1～5，包括"公司非常强调市场机会的开发，并努力促进外部合作项目的达成""公司总是积极寻找潜在的外部合作机会,并不断加大对合作项目的投入"等题项,代表了组织开放式的创新战略,因此将其命名为开放式创新战略。该因子旋转后的特征根为 3.264,旋转后的贡献率为 46.629%,该因子的 Cronbach'α 系数为 0.866。因子 2 包含问项 6 和 7,包括"公司对外部合作比较轻视,只有在面临强烈的外部环境压力时才会开展外部合作""公司缺乏一个长远的、清晰的外部合作战略,各部门的考核目标基本上集中在内部任务的完成上",代表了组织对待外部创新的态度,因此将其命名为封闭式创新战略。该因子旋转后的特征根为 1.771,旋转后的贡献率为 25.295%,因子的 Cronbach'α 系数为 0.794。可以发现,尽管该量表总体的 Cronbach'α 系数小于 0.70,但得到 2 个因子的 Cronbach'α系数均大于 0.70,可以进行进一步的统计分析。

表 6.4　组织创新战略的探索性因子分析结果

测量条目	成　　分		提　　取
	因子 1 (开放式创新战略)	因子 2 (封闭式创新战略)	
充分利用合作关系来获得资源(3)	0.874	−0.137	0.783
重视向合作伙伴学习(4)	0.845	−0.094	0.723
强调合作创新(2)	0.829	−0.190	0.723
重视新产品推广(5)	0.743	0.238	0.609
强调合作经验的内部消化(1)	0.726	−0.227	0.579
重视对成熟产品的挖掘开发(7)	−0.075	0.898	0.812
强调内部各部门之间的合作(6)	−0.112	0.890	0.805
Cronbach'α	0.866	0.794	—
旋转后的特征根	3.264	1.771	—
旋转后的贡献率	46.629%	25.295%	—
累计贡献率	71.924%		

四、组织结构的量表检验

组织结构量表共包括 6 个测量条目,总体的 Cronbach' α 系数为 0.813,大于 0.70,总体说明该量表具有较好的信度水平,可以进行进一步的分析与检验。

见表 6.5,组织结构量表的 KMO 值为 0.813,Bartlett 球形检验的近似卡方分布为 279.371,自由度为 15,显著性概率为 $p=0.000<0.05$。采用主成分抽取主因子,按最大方差法进行旋转,以特征值大于 1 为标准抽取主因子,得到 1 个主因子,代表了组织结构的机械化程度,因此将其命名为组织机械化结构。其累计解释的变异量达到 53.994%,且每个因子的因子载荷值均高于最低建议值 0.5,表明量表通过效度检测。

表 6.5　组织结构的探索性因子分析

测量条目	成　分
	因子 1(组织机械化结构)
组织内正式沟通的程度(3)	0.860
组织内部任务细分的程度(4)	0.853
组织对工作规范的重视程度(2)	0.820
组织对管理规范的重视程度(6)	0.783
组织内部权力集中度(1)	0.516
组织管理层级的数量(5)	0.470
Cronbach' α	0.813
旋转后的特征根	3.240
旋转后的贡献率	53.994%

五、组织间关系的量表检验

组织间关系量表共包括 9 个测量条目,总体的 Cronbach'α 系数为 0.885,大于 0.70,总体说明该量表具有较好的信度水平,可以进行进一步的分析与检验。组织间关系量表的 KMO 值为 0.856,Bartlett 球形检验的近似卡方分布为 609.231,自由度为 36,显著性概率为 $p=0.000<0.05$。说明适合进行探索性因子分析。

采用主成分抽取主因子,按最大方差法进行旋转,以特征值大于 1 为标准抽取主因子,得到 2 个主因子,其累计解释的变异量达到 70.573%,且每个因子的因子载荷值均高于最低建议值 0.5,表明量表通过效度检测,其结果见表 6.6。因子 1 包含问项 1~5,包括"和合作伙伴之间能信守承诺""将合作伙伴看作朋友来对待,愿意与对方分享自己的成功经验和知识"等,代表了组织愿意与外部伙伴之间建立比较持久的信任和关系,因此命名为整合型组织间关系,其旋转后的特征根为 3.621,旋转后的贡献率为 40.238%,因子的 Cronbach'α 系数 0.901。因子 2 包含问项 6~9,包括"当合作双方发生冲突时,虽然公司愿意与对方进行公平协商,但还是希望在谈判中占据有利地位""对于外部合作,公司没有充分的信心,因此总是希望通过即时监控来避免意外发生"等题项,代表了组织对待外部合作较为悲观的态度,以及由此采取的消极行为,可以命名为离散型组织间关系。旋转后的特征根为 2.730,旋转后的贡献率为 30.335%,因子的 Cronbach'α 系数 0.833。

表 6.6 组织间关系的探索性因子分析结果

测量条目	成 分		提 取
	因子1(整合型组织间关系)	因子2(离散型组织间关系)	
组织的部合作意识(5)	0.871	0.214	0.804

续上表

测量条目	成 分		提 取
	因子1(整合型组织间关系)	因子2(离散型组织间关系)	
合作双方共同承诺的程度(1)	0.833	0.131	0.711
合作关系的稳定性程度(2)	0.830	0.268	0.760
合作双方经验分享的意识(3)	0.809	0.201	0.695
共同利益的重视程度(4)	0.742	0.271	0.624
合作过程中的利己主义(6)	0.305	0.809	0.747
临时性合作关系(8)	0.032	0.793	0.630
合作中的不平等程度(7)	0.348	0.774	0.721
局部合作的程度(9)	0.246	0.774	0.660
Cronbach'α	0.901	0.833	—
旋转后的特征根	3.621	2.730	—
旋转后的贡献率	40.238%	30.335%	—
累计贡献率	70.573%		

六、人力资源部门结构型社会资本的量表检验

人力资源部门结构型社会资本量表共包括 6 个测量条目,总体的 Cronbach'α 系数为 0.885,大于 0.70,总体说明该量表具有较好的信度水平,可以进行进一步的分析与检验。见表 6.7,人力资源部门社会资本量表的 KMO 值为 0.874,Bartlett 球形检验的近似卡方分布为 438.787,自由度为 15,显著性概率为 $p=0.000<0.05$,说明这些题项适宜进行因子分析。

根据变量间相关矩阵,采用主成分抽取主因子,按最大方差法进行旋转,以特征值大于 1 为标准抽取主因子,得到 1 个主因子,其累计解释的变异量达到 67.238%,且每个因子的因子载荷值均高于最低建议值 0.5,表明量表通过效度检验。因子问项的内容包括"人力资源管理人员在公司高层

管理团队中占有一席之地""人力资源管理部门在人员任命时享有一票否决权"等,可以命名为"人力资源部门结构型社会资本",其旋转后的特征根为 4.034。

表6.7　人力资源部门结构型社会资本的探索性因子分析结果

测量条目	成　分
	因子1(人力资源部门结构型社会资本)
人力资源部门参与部门工作的程度(2)	0.893
人力资源部门的组织声望(4)	0.868
人力资源部门拥有的人员任命权(3)	0.867
组织对人力资源管理的认同度(5)	0.795
人力资源管理人员在董事会的地位(1)	0.752
HRM人员跨部门轮岗的程度(6)	0.729
Cronbach'α	0.885
旋转后的特征根	4.034
旋转后的贡献率	67.238%

由上述分析可知,各变量量表与理论解释之间较为吻合,量表具有较好的聚合度,其信度和效度得到了一定保证,适合进行进一步的假设检验。

第七章
假设检验与结果讨论

  本章在第六章的基础上使用 SPSS 22.0 软件对相关数据进行统计分析,并针对变量之间的关系进行假设检验。具体包括三部分:首先,基于组织特征变量进行单因素方差分析或独立样本 T 检验,剖析企业人力资源管理角色在不同企业属性上的差异性,以选择恰当的控制变量;其次,验证人力资源外部角色与内部角色的影响因素,采用相关分析与回归分析,检验各自变量的影响效果,以及 HR 部门社会资本的调节作用和组织间关系的中介作用;最后,根据假设检验结果对理论模型进行讨论与解释,对理论模式进行修正。

第一节　人力资源管理角色类别的差异性分析

为了解主要各变量在行业、所有制背景和企业规模上的分布特征,本节首先进行了差异性分析,以明确控制变量选择的合理性。

一、不同行业在人力资源管理角色类别上的差异性分析

研究样本中,共包括 12 类行业,如农、林、牧、渔业,金融、保险及房地产企业等,并可以归纳成 3 组:第 1 组为传统行业,第 2 组为高新技术行业,第 3 组为社会服务业。由于不同行业的运营环境与经营模式相差很大,可能会影响人力资源部门角色的承担。为了明确不同行业在人力资源管理角色的选择上是否有所不同,借鉴单因素方差分析的方法进行差异性检验。

见表 7.1,外部角色和内部角色在不同行业间的单因素方差分析组织间差异检验显著性水平 p 分别为 0.010 和 0.393,外部角色的显著性水平小于检验标准 0.05,意味着不同行业中人力资源部门在外部角色扮演上存在显著差异,而在内部角色扮演上则不存在显著差异。

表 7.1　不同行业企业人力资源管理角色类别的差异性检验

来　源		平方和	df	均　方	F	显著性
外部角色	组间	8.267	2	4.133	4.764	0.010
	组内	99.771	115	0.868		
	总数	108.038	117			
内部角色	组间	1.354	2	0.677	0.941	0.393
	组内	82.681	115	0.719		
	总数	84.034	117			

　　具体来说,外部角色在不同行业间的方差齐次性检验的显著性 $p=0.412>0.05$,意味着满足方差齐次性,因此需要采用 LSD 方法对外部角色进行差异性的多重比较分析,结果见表 7.2。第 1 组(传统行业)与第 2 组(高新技术行业)企业之间的 p 值为 0.011,$p<0.05$,均值相差 $-0.531\,35$,意味着在人力资源部门外部角色的承担上,前者显著比后者低 $-0.531\,35$。同理,在第 1 组(传统行业)和第 3 组(社会服务业)之间的 $p=0.041<0.05$,均值相差 $0.529\,68$,意味着传统行业与社会服务业在人力资源管理外部角色承担上也存在显著差异。该结果说明,与高新技术行业和社会服务业相比,传统行业中人力资源部门对外部角色承担的程度相对更低,但第 2 组(高新技术行业)与第 3 组(社会服务业)的差异性并不明显。

表 7.2　不同行业企业人力资源管理外部角色的多重比较

来　源		(I)行业	(J)行业	均值差(I-J)	标准误	显著性	95% 置信区间	
							下限	上限
外部角色	LSD	1	2	−0.531 35 *	0.206 62	0.011	−0.940 6	−0.122 1
			3	−0.529 68 *	0.220 17	0.018	−0.965 8	−0.093 6
		2	1	0.531 35 *	0.206 62	0.011	0.122 1	0.940 6
			3	0.001 67	0.252 23	0.995	−0.498 0	0.501 3
		3	1	0.529 68 *	0.220 17	0.018	0.093 6	0.965 8
			2	−0.001 67	0.252 23	0.995	−0.501 3	0.498 0

二、不同所有制背景在人力资源管理角色类别上的差异性分析

研究样本中,共调研了七类所有制形式,包括国有企业、民营企业、外商独资企业等,并可以归纳成三组:第 1 组为国有企业,第 2 组为集体或股份制企业,第 3 组为外资企业。所有制背景主要反映了企业在组织文化和经营理念上的差异,对人力资源部门角色类别倾向可能存在潜在的影响。为了明确不同所有制背景在人力资源管理角色选择上是否有所不同,借鉴单因素方差分析的方法进行了差异性检验。

见表 7.3,人力资源管理内、外角色在不同所有制企业间的单因素方差分析检验的 F 值分别为 0.252 和 1.103,显著性水平 p 分别为 0.778 和 0.335,显著性水平均大于检验标准 0.05,说明在我国情境下,不同所有制企业之间在人力资源管理角色类别上并不存在显著差异。

表 7.3　不同所有制企业人力资源管理角色的差异性检验

来　源		平方和	df	均　方	F	显著性
外部角色	组间	0.472	2	0.236	0.252	0.778
	组内	107.567	115	0.935		
	总数	108.038	117			
内部角色	组间	1.582	2	0.791	1.103	0.335
	组内	82.452	115	0.717		
	总数	84.034	117			

三、不同企业规模在人力资源管理角色类别上的差异性分析

本调查样本中共涉及员工规模在 100 人及以下、100～500 人(含

500 人)等五种规模的企业,按照研究目标将之划分为两组:第 1 组为中小企业,第 2 组为大型企业。由于企业规模代表了组织结构、管理层级和人力资源管理部门工作的复杂程度,因此可能会影响到人力资源部门的工作内容,进而潜在影响其角色倾向。鉴于企业规模的分组是一个二分变量,为了明确不同规模企业在人力资源管理角色选择上是否有所不同,借鉴独立样本 T 检验的方法进行了差异性检验。

见表 7.4,就人力资源管理的外部角色而言,第 1 组(中小型企业)的平均数($M=3.328\ 7$)略高于第 2 组(大型企业)的平均数($M=3.105\ 5$);而就人力资源管理的内部角色而言,第 1 组(中小型企业)的平均数($M=3.749\ 0$)略高于第 2 组(大型企业)的平均数($M=3.576\ 4$)。两组平均数间高低的差异必须通过独立样本 T 检验方能知道是否达到显著。

表 7.4　企业规模的组别统计量

来　　源	员工规模	N	均　　值	标准差	均值的标准误
外部角色	1.00	54	3.328 7	0.968 94	0.131 86
	2.00	64	3.105 5	0.949 68	0.118 71
内部角色	1.00	54	3.749 0	0.878 39	0.119 53
	2.00	64	3.576 4	0.819 10	0.102 39

当采用独立样本 T 检验后得到了表 7.5 的结果。结果表明,在外部角色倾向上,采用 Levene 法的 F 统计量等于 0.000,$p=0.993>0.05$,未达到 0.05 的显著水平,因而满足方差齐次的假设。参照"假设方差相等"的数据可知:t 值等于 1.260,$\mathrm{df}=116$,$p=0.210>0.05$,未达到 0.05 的显著水平,这表明不同规模的企业在人力资源管理外部角色倾向上不存在显著性差异。

表 7.5　不同规模企业人力资源管理角色倾向的独立样本检验

来　源		方差方程的 Levene 检验		均值方程的 t 检验					差分的 95% 置信区间	
		F	Sig.	t	df	Sig.（双侧）	均值差值	标准误差值	下限	上限
外部角色	假设方差相等	0.000	0.993	1.260	116	0.210	0.223 23	0.177 12	−0.127 57	0.574 04
内部角色	假设方差相等	0.040	0.843	1.103	116	0.272	0.172 58	0.156 45	−0.137 30	0.482 46

　　同样,针对人力资源管理内部角色倾向的分析表明。采用 Levene 法的 F 统计量等于 0.040,$p=0.843>0.05$,未达到 0.05 的显著水平,因而满足方差齐次的假设。参照"假设方差相等"的数据可知:t 值等于 1.103,df＝116,$p=0.272>0.05$,同样未达到 0.05 的显著水平,这表明不同规模企业的人力资源管理在内部角色倾向上同样不存在显著性差异。

四、控制变量的选择与虚拟化

　　由差异性检验的结果可知,人力资源管理角色的承担仅在不同行业间存在显著的差异,在不同所有制背景和不同企业规模上并不存在显著的不同。因此,在假设检验的过程中特选择行业作为控制变量,以排除行业差异所形成的干扰,并对其进行虚拟化处理。

　　具体来说,在人力资源管理外部角色上,传统行业的承担程度显著低于高新技术行业和社会服务业,特将传统行业作为参照组,将高新技术行业和社会服务行业进行虚拟化:

　　虚拟变量 1:高新技术行业＝1,其他＝0;

　　虚拟变量 2:社会服务行业＝1,其他＝0。

第二节　人力资源管理角色发展的
影响因素及过程机制检验

一、各变量间的描述性统计与相关分析

依据统计原理可知,判断变量之间存在显著相关关系是其间存在因果关系的必要条件。因此,首先需要对人力资源外部角色、内部角色、开放式创新战略、封闭式创新战略、组织结构、整合型组织间关系、离散型组织间关系、人力资源部门结构型社会资本之间进行相关分析,采用SPSS 22.0计算这些变量之间的皮尔逊相关系数。

由表7.6可知,除封闭式创新战略之外,其他五个预测变量均呈现显著正相关($p < 0.05$),相关系数介于 $0.234 \sim 0.735$,均未大于 0.8。这说明五个变量(组织结构、整合型组织间关系、离散型组织间关系、开放式创新战略与人力资源部门结构型社会资本)与预测变量(外部角色、内部角色)之间呈现中度相关。同时,人力资源外部角色与人力资源内部角色之间也存在显著的相关关系,相关系数为 0.703,意味着随着人力资源管理外部角色的增加,人力资源管理部门在组织内部从事的协调与管理工作随之增多,其内部角色程度也随之增强,这也符合了当前人力资源管理部门的现实情况。

表 7.6　描述性统计结果及各变量间的相关矩阵(N＝118)

变量	均值	标准差	外部角色	内部角色	人力资源部门结构型资本	组织结构	整合型组织间关系	离散型组织间关系	开放式创新战略	封闭式创新战略
外部角色	3.207 6	0.960 94	1							
内部角色	3.655 4	0.847 49	0.703** 0.000	1						
人力资源部门结构型社会资本	3.298 0	0.933 15	0.647** 0.000	0.735** 0.000	1					
组织结构	3.696 3	0.757 25	0.234* 0.011	0.384** 0.000	0.444** 0.000	1				
整合型组织间关系	3.866 1	0.766 41	0.432** 0.000	0.456** 0.000	0.491** 0.000	0.403** 0.000	1			
离散型组织间关系	3.451 3	0.837 34	0.412** 0.000	0.404** 0.000	0.485** 0.000	0.502** 0.000	0.510** 0.000	1		
开放式创新战略	3.652 5	0.914 64	0.421** 0.000	0.581** 0.000	0.496** 0.000	0.375** 0.000	0.489** 0.000	0.414** 0.000	1	
封闭式创新战略	3.093 2	0.964 60	0.043 0.646	−0.009 0.922	0.073 0.430	0.226* 0.014	0.076 0.416	0.332** 0.000	−0.149 0.108	1

注：**. 在 0.01 水平(双侧)上显著相关。
　　*. 在 0.05 水平(双侧)上显著相关。

　　此外,虽然组织结构与外部角色之间的相关性在 p＝0.05 水平上显著,但在 p＝0.01 水平上不显著。这说明组织结构对人力资源管理外部角色选择的影响有限;而组织结构与内部角色之间的相关性在 p＝0.01 水平上显著,说明其与人力资源管理内部角色之间存在显著相关。相关分析结论为假设检验奠定了基础。

二、人力资源管理角色发展的影响因素检验

　　由之前差异性分析结果可知,企业的所有制性质及企业规模在人力资

源管理角色选择的倾向性上没有显著性差异,因此仅仅将行业变量作为控制变量加入回归模型。在控制行业的影响之后,再将自变量加入模型。

1. 开放式创新战略对人力资源管理角色倾向的影响检验

表 7.7 显示了开放式创新战略对人力资源管理角色选择影响作用的检验结果。结果表明:开放式创新战略对人力资源管理的内部角色具有显著的正向作用,此时方程整体显著,F 值为 19.780,方程的显著性水平 $p = 0.000 < 0.001$,开放式创新战略的影响系数为 0.578,显著性水平 $p = 0.000 < 0.001$,说明随着组织开放式创新战略执行程度的提高,组织人力资源管理部门承担内部角色的程度也随之加强。假设 1-1(a)得到了支持。

表 7.7　开放式创新战略对人力资源管理角色倾向的影响

自变量	内部角色(标准化系数 B)		外部角色(标准化系数 B)	
高新技术行业	0.105	0.012	0.242 *	0.179 *
社会服务行业	0.110	0.076	0.226 *	0.203 *
开放式创新战略	—	0.578 ***	—	0.394 ***
F 值	0.941	19.780 ***	4.764	11.206 ***
Adj-R^2	−0.001	0.325	0.060	0.207
△R^2	—	0.326	—	0.147

注: * $p < 0.05$, ** $p < 0.01$, *** $p < 0.001$。

开放式创新战略对人力资源管理外部角色的影响作用检验中,控制变量的影响作用显著:与传统行业相比,高新技术行业和社会服务业的人力资源管理部门外部角色的承担程度分别显著高出 0.179 和 0.203,这与差异性分析得到的结论一致。在排除控制变量的影响之后,开放式创新战略对人力资源管理外部角色的影响显著,方程整体的 F 值为 11.206,显著性水平$p=0.000<0.001$,开放式创新战略的影响系数为 0.394,显著性水平$p=0.000<0.001$,说明随着组织开放式创新战略程度的提高,其人力资源管理部门扮演外部角色的程度得到了增强。假设 1-1(b)得到了支持。

2. 封闭式创新战略对人力资源管理角色类别倾向的影响检验

表 7.8 显示了封闭式创新战略对人力资源管理角色类别倾向影响作用的检验结果。结果表明:封闭式创新战略对人力资源管理的内部角色不具有显著作用,此时方程整体不显著,F 值为 0.624,方程的显著性水平$p=0.601>0.001$,封闭式创新战略的影响系数为 0.006,显著性水平$p=0.947>0.001$,说明组织封闭式创新战略对人力资源管理部门内部角色倾向不存在显著性影响。假设 1-2(a)没有得到支持。

表 7.8　封闭式创新战略对人力资源管理角色偏好的影响

自变量	内部角色(标准化系数 B)		外部角色(标准化系数 B)	
高新技术行业	0.105	0.106	0.242 *	0.254 * *
社会服务行业	0.110	0.110	0.226 *	0.231 *
封闭式创新战略	—	0.006	—	0.079
F 值	0.941	0.624	4.764 *	3.425 *
Adj-R^2	−0.001	−0.010	0.060	0.059
$\triangle R^2$	—	—	—	—

注:* $p<0.05$,** $p<0.01$,*** $p<0.001$。

封闭式创新战略对人力资源管理外部角色的影响作用检验中,控制变量"行业"的影响作用显著。在排除行业变量的影响之后,封闭式创新战略对人力资源管理外部角色的影响不显著。具体来说,方程整体的 F 值为 3.425,显著性水平 $p=0.020>0.001$,显著性水平一颗星。尽管如此,封闭式创新战略对人力资源管理外部角色的影响系数为 0.079,显著性水平

p＝0.384＞0.001,没有通过显著性检验,说明随着组织封闭式创新战略程度的提高,其人力资源管理部门扮演外部角色的程度未见显著增强。假设1-2(b)不成立。

3. 机械式组织结构对人力资源管理角色的影响检验

表7.9显示了机械式组织结构对人力资源管理角色承担的倾向影响作用的检验结果。结果表明,机械式组织结构对人力资源管理的内部角色具有显著作用,此时方程整体显著,F值为7.740,方程的显著性水平 p＝0.000＜0.001,机械式组织结构对人力资源管理内部角色的影响系数为0.392,显著性水平 p＝0.000＜0.001,说明随着组织结构机械化程度的提高,组织人力资源管理部门承担内部角色的程度随之加强。假设2-1(a)获得了支持。

表7.9 机械式组织结构对人力资源管理角色的影响

自变量	内部角色(标准化系数 B)		外部角色(标准化系数 B)	
高新技术行业	0.105	0.114	0.242 *	0.248 **
社会服务行业	0.110	0.133	0.226 *	0.241 *
机械式组织结构	—	0.392 ***	—	0.248 **
F 值	0.941	7.740 ***	4.764 *	6.082 **
Adj-R²	−0.001	0.147	0.060	0.115
△R²	—	0.418	—	0.055

注: * p＜0.05, ** p＜0.01, *** p＜0.001。

机械化组织结构对人力资源管理外部角色的影响作用检验中,在排除控制变量的影响之后,机械化组织结构对人力资源管理外部角色具有显著的正向影响。表7.9显示,方程整体的 F 值为6.082,p＝0.001＜0.01,显著性水平2颗星,机械式组织结构对人力资源管理外部角色的影响系数为

0.248,显著性水平 $p=0.005<0.01$,说明随着组织结构机械化程度的提高,其人力资源管理部门扮演外部角色的程度得到了增强。

原假设 2-2(b)认为组织结构的机械化程度越高会限制人力资源管理部门承担外部角色,但实证分析结果却表明组织结构机械化程度对外部角色存在正向影响。随着竞争激烈化,企业想要赢得竞争优势就必须具备快速满足消费者需求的能力,而消费者偏好的易变与无序很难被完整把握。因此,企业必须具有一定的柔性来满足不断变化的市场挑战。相对于产品创新、管理理念调整或服务流程改善,组织结构变革具有明显的滞后性。为了弥补结构僵化对产品开发等管理实践带来的消极影响,企业会尽可能通过开展外部合作来赢得资源与市场机会。因此,尽管组织结构的机械化会部分抑制人力资源管理部门的灵活性,但在市场竞争驱动下人力资源管理部门通过外部合作来满足组织的变革需求会更有效,从而间接驱使人力资源管理承担了越来越多的外部活动。事实上,来自雇佣柔性的相关研究也表明,功能柔性的不足可以借助雇佣柔性来得到弥补,对提升组织柔性具有明显效果。

三、组织间关系的中介作用检验

由上述检验可知,开放式创新战略对企业人力资源管理的内部角色和外部角色均具有显著的正向影响,但封闭式创新对其的影响作用却未获得支持,且机械式组织结构对人力资源管理的内部角色和外部角色均具有显著的正向影响。基于这些研究结论,特检验组织间关系在开放式创新战略和组织结构影响过程中的中介作用。

具体方法为:首先,检验自变量对中介变量的影响作用;然后,以人力资源管理角色作为因变量,将控制变量、自变量、中介变量依次引入模型,进行层级回归分析。如果中介变量的影响系数显著,且自变量的影响系数变得不显著,则说明存在完全中介作用;如果中介变量的影响系数显著,自变量的影响系数仍然显著,则说明存在部分中介作用。

1. 整合型组织间关系的中介作用检验

由表7.10所知,开放式创新战略(自变量)对整合型组织间关系(中介变量)的影响作用显著,方程整体的F值为12.001***,影响系数为0.493***,说明开放式创新战略对整合型组织间关系具有显著的正向影响。且开放式创新战略对人力资源管理内部角色和外部角色的影响作用也已在上文中得到了支持,中介作用的基础条件得到了满足,可以继续进一步检验。

表7.10 整合型组织间关系的中介作用检验

自变量	整合型组织间关系(标准化系数B)		内部角色(标准化系数B)			外部角色(标准化系数B)		
高新技术行业	0.049	−0.031	0.105	0.012	0.019	0.242*	0.179*	0.188*
社会服务行业	0.024	−0.005	0.110	0.076	0.077	0.226*	0.203*	0.205*
开放式创新战略	—	0.493***	—	0.578***	0.466***	—	0.394***	0.244**
整合型组织间关系	—	—	—	—	0.226**	—	—	0.303**
F值	0.128	12.001***	0.941	19.780***	17.407***	4.764*	11.206***	11.976***
Adj-R²	−0.015	0.220	−0.001	0.325	0.359	0.060	0.207	0.273
△R²	—	0.235	—	0.326	0.034	—	0.147	0.066

注:* $p<0.05$,** $p<0.01$,*** $p<0.001$。

当中介变量"整合型组织间关系"进入方程后,方程整体显著,F值为17.407,显著性水平 $p=0.000<0.001$,整合型组织间关系对人力资源管理内部

角色的影响系数显著(0.226∗∗),自变量开放式创新战略对人力资源管理内部角色的影响系数仍然显著(0.466∗∗∗),但比原来的影响系数(0.578∗∗∗)有所降低,此时,调整后的 R^2 从原来的 0.325 增加到 0.359,$\triangle R^2$ 为 0.034,F 变化值为 7.107,即开放式创新战略可以部分通过整合型组织间关系对人力资源管理内部角色的承担产生显著的正向影响。假设 3-1(a)得到了支持。

同理,当整合型组织间关系进入以人力资源管理外部角色为因变量的方程后,方程整体显著,F 值为 11.976,显著性水平 $p=0.000<0.001$,且整合型组织间关系对人力资源管理外部角色的影响系数显著,标准化影响系数为 0.303,$p=0.001<0.01$,显著性水平 2 颗星。自变量开放式创新战略的影响系数仍然显著(0.244∗∗),但比其单独的影响系数(0.394∗∗∗)略有下降。此时,调整后的 R^2 从 0.207 增加到 0.273,$\triangle R^2$ 为 0.066,F 变化值 11.262,其显著性水平 $p=0.001<0.01$,通过了显著性检验。这些结果说明,整合型组织间关系在开放式创新战略和人力资源管理外部角色间具有显著的部分中介作用,假设 3-1(b)得到了支持。

2. 离散型组织间关系的中介作用检验

由上述检验可知,封闭式创新对人力资源管理内部角色和外部角色的影响作用却未获得支持,参见表 7.2,检验中介作用的基础条件未得到满足,因此无法继续进行假设 3-2(a)和假设 3-2(b)的检验,意味着这两个假设未能获得支持。

离散型组织间关系之所以未对封闭式创新战略与人力资源管理角色扮演倾向性之间的关系发挥中介作用,原因或许在于:采用封闭式创新战略的组织往往习惯于依靠提升产品质量或开发产品新用途的方式来获取竞争优势,因此企业可能并不重视人力资源管理职能对组织的贡献,使得人力资源管理无法发挥应有的作用。同时,离散型组织间关系的典型特征在于:合作双方并不能够建立持久的信任,也不重视对方的利益。因此人力资源管理部门无法从外部关系中得到支持,并以此来影响其角色扮演的效果。

四、人力资源部门结构型社会资本的调节效应检验

为了检验人力资源部门结构型社会资本在开放式创新战略与人力资源管理角色扮演倾向性关系之间的调节作用,需要分别将行业、开放式创新战略、人力资源部门结构型社会资本,以及开放式创新战略与人力资源部门结构型社会资本的交互项作为自变量分别进入回归方程进行检验。如果开放式创新战略与人力资源部门结构型社会资本的交互项的系数检验达到显著水平,则说明调节作用得到了支持。

表 7.11　人力资源部门结构型社会资本的调节作用检验

自变量	内部角色(标准化系数 B)			外部角色(标准化系数 B)		
高新技术行业	0.105	0.012	−0.054	0.242 *	0.179 *	0.129
社会服务行业	0.110	0.076	0.029	0.226 *	0.203 *	0.160 *
A-开放式创新战略	—	0.578 ***	0.326	—	0.394 ***	−0.255
B-人力资源部门结构型社会资本			0.643 **	—	—	0.058
A*B	—	—	−0.071	—	—	0.775 *
F 值	0.941	19.780 ***	34.596 ***	4.764 *	11.206 ***	20.581 ***
Adj-R²	−0.001	0.325	0.589	0.060	0.207	0.456
△R²	—	0.326	0.144		0.147	0.249

注:* $p<0.05$,** $p<0.01$,*** $p<0.001$。

从表 7.11 可知,人力资源部门结构型资本在开放式创新战略与人力资源管理外部角色的关系间的调节作用获得了支持。具体来看,方程整体显著,F 值为 20.581,$p=0.000<0.001$,显著性水平 3 颗星,开放式创新战略

A 与人力资源部门结构型社会资本 B 的交互项系数 A * B 为 0.775，$p=$ 0.041＜0.05，显著性水平 1 颗星，此时自变量开放式创新战略的影响系数变得不显著，且人力资源部门结构型社会资本对人力资源管理外部角色的直接影响作用也不显著。调整后的 R^2 从 0.270 增加到 0.456，$\triangle R^2$ 为 0.249，F 变化值为 20.581，其显著性水平 $p=0.000$。该结果说明，人力资源部门结构型社会资本在开放式创新战略对人力资源管理外部角色承担的影响中具有显著的正向调节作用，随着人力资源部门结构型社会资本的提高，开放式创新战略对人力资源管理外部角色的正向影响作用得到了增强，假设 4-1(b)得到了支持。

同理，从表 7.11 可知，人力资源部门结构型社会资本在开放式创新战略与人力资源管理内部角色的关系间的调节作用没有获得支持，尽管调节变量人力资源部门结构型社会资本对人力资源管理内部角色的直接影响作用显著（0.643 * *），且方程整体也显著（F 值为 34.596，显著性水平 $p=0.000＜0.001$），$\triangle F(37.711)$也显著（$p=0.000$），然而自变量开放式创新战略 A 与调节变量人力资源部门结构型社会资本 B 的交互项标准化系数 A * B 为－0.071，显著性水平 $p=0.827＞0.05$，未通过显著性检验。说明，人力资源部门结构型社会资本在开放式创新战略与人力资源管理内部角色的关系中的调节作用未获得支持，假设 4-1(a)不成立。

由于封闭式创新战略对人力资源管理内部角色和外部角色的影响作用均未获得证实，不满足调节作用检验的前提条件，无法对假设 4-2(a)和假设 4-2(b)进行检验，意味着这两个假设也未获得支持。

依据上述各假设检验结果，对原分析模型进行了修正。图 7.1 揭示出整合型组织间关系在开放式创新战略影响人力资源管理角色扮演的关系中发挥了重要的中介作用。同时也表明当组织间关系是离散型关系类型时，不会影响开放式创新战略与人力资源管理角色之间的关系。

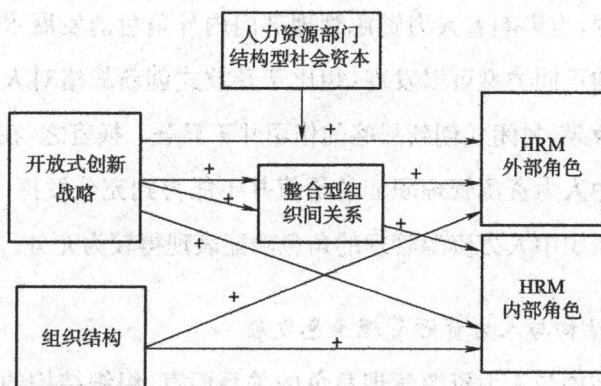

图 7.1　创新战略、组织结构、组织间关系、人力资源部门结构型资本与 HRM 角色关系

第三节　实证研究结论与启示

通过构建理论分析框架和实证分析框架,并在 SPSS 22.0 统计分析的基础上,厘清了组织战略、组织结构、组织间关系、人力资源部门社会资本与人力资源管理角色之间的复杂联系,从而为组织人力资源管理角色建设提供了对策来源。

一、实证研究结论

1. 组织战略与人力资源管理角色发展

组织战略限制了人力资源管理部门在实现目标过程中可采纳的途径和

可获取的资源,也影响着人力资源管理部门内外角色的发展水平。对比组织创新战略的不同类型可以发现:相比于开放式创新战略对人力资源管理角色的影响效果,封闭式创新战略的作用并不显著。换言之,在封闭式创新战略的组织中人力资源管理职能的价值并不能得到充分发挥,但在开放式创新战略的组织中人力资源管理的角色功能表现得较为充分。

2. 组织结构与人力资源管理角色发展

就组织结构与人力资源管理角色的关系而言,组织结构的机械化程度对人力资源管理内、外部角色的发展都会产生显著影响。由于组织结构代表着组织权利、义务和责任的分配方式,因此在机械化的组织中,人力资源管理部门可以依靠较高的组织地位来换取影响力,进而在内部服务过程中扮演关键角色。同样,组织结构机械化程度越高,组织面对的竞争市场越激烈,人力资源管理部门就越需要借助外部关系来改善组织僵化带来的负面影响,从而间接促进人力资源管理外部角色的扮演倾向。

3. 组织间关系与人力资源管理角色发展

从上述实证分析结果可知,只有整合型组织间关系对人力资源管理角色发展具有中介作用。整合型组织间关系是一种以组织间信任和承诺为典型特征的关系形式,依靠相互忠诚,企业人力资源管理部门容易获得外界资源和支持,对其角色扮演具有影响。因此,人力资源管理部门必须重视对组织间关系的治理,以此推动其角色扮演的水平。

4. 人力资源部门结构型社会资本与人力资源管理角色发展

从上述实证分析结果可知,人力资源部门结构型社会资本组织开放式创新战略与人力资源管理外部角色关系具有部分调节作用。人力资源部门的结构型社会资本体现了组织进行结构设计时对人力资源管理功能价值的定位,直接影响企业人力资源管理部门的权力与地位,对组织成员感知人力资源角色价值具有影响。因此,人力资源管理部门必须重视自身的社会资本,以此推动其角色效能。

二、管理实践启示

1.跨组织边界关系的治理

对于人力资源管理部门及其管理者而言,重视人力资源管理部门与其他关联企业之间的信任和承诺的建设将有利于其角色扮演。人力资源管理部门能否满足利益相关者的角色期望,一定程度上与其外部关系有关。尤其在整合型组织间关系情境下,人力资源管理部门不仅可以借助外部力量来实现内部角色,而且对促进其外部角色的形成与人力资源管理角色转型都具有深远影响。加强对组织间关系的治理是人力资源管理者必须面对的挑战。

2.人力资源部门社会资本的构建

人力资源部门的社会资本间接反映了组织对人力资源管理职能的重视程度,以及人力资源管理者在组织中的声誉和影响力。由于社会资本的构建有利于人力资源管理者获得权威,并通过影响业务管理者的评价标准来获得对人力资源管理价值的认同,因此建设社会资本对人力资源管理者具有深远的意义。就人力资源部门的结构型社会资本而言,人力资源管理部门在组织中的位置是其组织权力的直观反映,也关系到人力资源管理职能的地位,必须引起人力资源管理者的重视。当然,人力资源管理者与其他利益相关者在行为规范、心智模式,以及工作价值观或个人兴趣等方面的共享性认知都将促进人力资源部门关系型社会资本的建设,也是弥补结构型社会资本不足的重要途径。人力资源管理者应当认识到社会资本的价值，并采取有效措施加以建设。

3. 人力资源管理内外角色的协调

人力资源管理角色是一个多维度的结构，不同组织在特定情境下会产生对内、外角色的不同诉求。对人力资源管理者而言，在资源有限的前提下，如何协调人力资源管理内、外角色之间的结构，确保不同角色相容是一项艰巨的挑战。角色冲突和角色矛盾现象在当前人力资源管理中较为突出，人力资源管理者需要充分认识到关键动因对角色扮演倾向的不同影响机制，并以此有效管理角色。

第八章
总结与未来展望

　　企业人力资源管理角色发展水平反映了人力资源管理职能在组织中的地位和声誉,体现出人力资源管理部门价值大小。通过分析我国企业人力资源管理角色发展现状,以及角色发展动因和发展态势,较之西方发达国家企业,我国企业人力资源管理角色发展存在不均衡的现象,提升和完善角色发展仍有很大的空间。

第一节　总结与学术贡献

一、总　结

笔者以企业人力资源管理角色发展为主题,将跨组织边界视角引入分析框架,构建了分析人力资源管理角色结构的 P-R-T 模型。在剖析人力资源管理内外角色不同结构属性特征的基础上,阐释了不同角色发展的动因及其发展态势。通过文献回顾、概念梳理、理论构建和假设验证等研究活动的开展,主要得到了以下结论:

1. 从角色的内在结构属性特征识别人力资源管理角色类别

既有研究在探究人力资源管理角色类别时往往只是将角色等同于角色主体的行为模式来加以界定。这一研究范式并不符合角色理论对角色结构做出的解释,并容易造成角色类别命名的混乱。例如,Ulrich(1998)强调从人力资源管理参与组织战略执行的行为标准上去识别战略伙伴角色,而后续研究者却发现参与战略制定才是评价人力资源管理是否胜任战略角色的关键。因此,仅从角色的行为维度出发并不足以完全厘清角色之间的异同。

基于此,特修正了 Oeser 和 Harary(1962)提出的 P(个体)-P(职位)-T
(任务)模型,将扮演者、行为模式、社会地位、社会关系、社会期待、权利义务
这六个角色结构要素整合为三个维度,重新构建了新的 P(个体)-R(关系)-
T(任务)模型。新模型中,关系维度替代了原模型中的职位维度,凸显了角
色作为社会网络关系的根本特性,有利于在高度柔性的组织环境或人力资
源管理职位不明晰的情况下对其角色类别展开研究。与此同时,新模型中
的任务维度涵盖了权利义务这项内容,拓展了原有角色分类仅着眼于人力
资源管理者都承担什么样的任务内容的单一范畴,完善了人们对权利义务
与行为模式之间相辅相成的内在关系的认识,更能够准确理解人力资源管
理部门结构型资本对角色类别的内在影响。

基于 P-R-T 模型的研究表明,尽管某些企业人力资源管理角色在行为
模式上存在相似之处,但是从角色的其他结构要素看却可能并不相同。例
如,两家企业的人力资源管理部门都被赋予了参与组织战略制定的权力,但
由于人力资源管理部门在组织中的社会地位和社会关系的不同,最终会造
成他们在真实扮演战略伙伴角色过程中的实际效果并不一样。因此,
P-R-T 模型为有效识别企业人力资源管理角色的本质差异提供了新途径。

2. 组织间人力资源管理业务的兴起促成了人力资源管理新的角色形
象——跨边界角色

人力资源管理角色研究的兴起很大程度上得益于对人力资源管理职能
的价值贡献是什么这一质疑的回应。受西方战略管理思想的影响,既有研
究主要从战略管理视角对人力资源管理角色类别进行了研究。参与战略制
定与执行一向被认为是人力资源管理体现价值的核心方式。在此背景下,
绝大多数的理论研究与实证分析都将是否参与组织战略制定作为检验人力
资源管理战略性角色的唯一标准。

基于跨组织边界的视角,针对组织内部人力资源管理实践形式和组织

间人力资源管理业务形态演化的深入探讨,组织间人力资源管理业务的兴起,以及人力资源管理内部的分权化趋势都为人力资源管理证明自身价值打开了一扇新的窗口——人力资源管理部门不仅对内承担着服务战略的使命,同时对外还承担着使者、关系构建者、任务协调者和守门人等新角色形象。诸如此类的任务活动并不能简单用是否参与战略制定的标准来衡量。

3. 企业人力资源管理角色发展的动力并非来自单一的内部因素或外部因素,而是不同系统因素之间交互作用的结果

通常认为,人力资源管理角色的发展主要受到组织对人力资源管理职能柔性、适应性和速度,以及人力资源成本管理压力的影响。针对人力资源管理角色发展动因的文献回顾,发现:被动接受和主动选择两种逻辑视角的解释都不够充分。前者将人力资源管理角色发展看作组织对外部环境的一种机械反应,是一种无奈的选择。这其中,组织技术、劳动力市场结构等变量是引发企业人力资源管理角色变化的重要因素。后者则主张:角色发展是组织应对环境的一种能动式反应,是组织自主选择的结果。不论是被动接受范式,还是主动选择视角都无法完整勾勒出企业人力资源管理角色发展的内在机制。从共同演化理论出发,通过实证研究揭示了开放式创新型战略、封闭式创新战略、组织结构、整合型组织间关系、离散型组织间关系、人力资源部门社会资本与企业人力资源管理内外角色选择倾向之间的关系,从而为组织管理人力资源管理角色提供了新的依据。

4. 人力资源部门社会资本对人力资源管理角色发展的现实价值

我国企业人力资源管理角色发展水平呈现出整体不均衡和角色在各结构上的发展不均衡。在人力资源管理角色发展过程中,人力资源部门社会资本起到了非常重要的调节作用。从我国企业人力资源部门社会资本的构成来看,结构型社会资本水平比关系型社会资本水平偏低。由于人力资源

部门结构型社会资本大小主要取决于人力资源管理人员获得的组织权力的大小,以及人力资源管理部门在组织管理层级中的地位,因此这说明我国企业在制度设计上还没有为人力资源管理职能提供相应的保障。人力资源部门关系型社会资本大小主要指人力资源管理者同业务管理者、外部利益相关者之间的非正式关系,尤指相互之间的信任和忠诚等。但是,结构型社会资本的缺失本质上反映了人力资源管理从业人员在专业性技能方面不能得到肯定的现实,因此,在我国企业人力资源管理角色的管理中,企业需要在两个方面提供动力保障:其一,优化组织内部人力资源管理业务的责任分工和人力资源管理部门的组织地位,使人力资源管理专业人员和业务管理者在人力资源管理事务中的权责能够到达最佳匹配,并让人力资源管理部门能够获得参与高层管理活动的机会;其二,鼓励人力资源管理专业人员与利益相关者之间构建信任和合作,促进人力资源管理部门的价值得到认同。

二、学术贡献

相比于既往研究,跨组织边界下人力资源研究不仅在研究方法上有所突破,而且在研究视角与研究理论的构建方面都进行了探索性的创新,主要体现在以下方面:

1. 静态研究方法与动态研究方法的整合运用

大多数针对人力资源管理角色类别的研究基本上都采用了静态研究的方法。静态研究方法的优势在于能够细致刻画出角色的不同和差异,却并不能够完整反映出角色是如何形成、如何转变或如何发展的,也无法对此类现象给予充分的解释。

为了构建一个能够揭示出角色发展过程的理论体系,先从静态视角对

人力资源管理角色的结构特征进行了解释,修正了传统角色分析的 P-P-T
框架,提出了新的 P-R-T 模型,并以此为基础针对不同时期人力资源管理
内部角色结构进行了相对动态的研究。相对动态的研究方法不仅打破了将
角色看作静态概念的固有观念,为人力资源外部角色研究奠定了理论基础,
同时为探讨人力资源管理角色发展动因和路径提供了理论依据。

2. 将跨组织边界视角引入分析框架,突破了传统研究囿于从组织内部
分析人力资源管理角色类别的不足

在针对人力资源管理角色类别的既有研究中,不少研究者都质疑过研
究分析所采纳的组织视角问题。由于组织环境特征变化,人力资源管理产
生了一些新的角色,这些服务于外部需求的角色并不能被笼统归入传统的
角色分类。为此,部分研究者主张从组织外部关系着手,剖析人力资源管理
在跨组织边界活动中的行为模式及其角色特征。但是,针对这一前沿问题
的分析至今没有得到重视。

以跨组织边界视角为分析切入点,针对组织间人力资源管理业务形态
和组织内人力资源管理业务形态的共同演化,探讨了人力资源管理部门新
的角色形象,并对这一新形象的结构进行了探索性研究。而笔者提出的四
种新角色:使者、关系构建者、任务协调者和看门人,不仅丰富了组织内部视
角下人力资源管理角色分类研究所取得的成果,同时将人力资源管理角色
概念延展到了新的研究领域。

3. 整合了角色类别和角色发展两个研究领域,以此拓展了人力资源管
理角色研究的理论体系

既有研究多是针对人力资源管理角色类别进行探讨,鲜有研究者从角
色发展的整体逻辑对角色类别和角色演化问题进行整合。人力资源管理角
色是什么？人力资源管理角色如何产生？人力资源管理角色如何演化？人

力资源管理角色发展的动因有哪些？如何评价人力资源管理角色发展的效果？诸如此类问题并不能被割裂看待，相反人力资源管理角色结构与角色转变是人力资源管理角色发展的一部分，是理解人力资源角色演化的前提和基础。角色结构研究重在探讨人力资源管理职能在任务内容、关系内容和个体内容三个维度上的不同特征；角色转变主要在于解释角色形态发展的基本路径与趋势，角色发展则侧重于对人力资源管理角色变化的内在机理进行解析。

通过分析人力资源管理角色的结构特征，人力资源管理跨边界角色的演化起源，以及人力资源管理角色发展动因与发展态势过程，不仅构建了较为完整的人力资源管理角色理论体系，并且对一些核心概念重新进行了界定，从而为后续研究奠定了理论基础。

第二节　管理对策建议

相比于西方企业人力资源管理角色发展已经达到了较高水平，我国企业人力资源管理角色发展存在两大问题——角色整体发展水平的不均衡和角色结构发展水平的不均衡。两个方面的不均衡在不同性质企业、不同行业企业之中又表现出明显差异。为了有效改善我国企业人力资源管理角色发展效能，并达到提升组织绩效的最终目的，结合相关研究结论提出了以下对策建议，以期为我国企业人力资源管理实践提供帮助。

一、人力资源管理职能与组织战略的适配

人力资源管理职能与组织战略间的适配是确保人力资源管理扮演战略性伙伴角色的重要前提，也是实现人力资源管理角色转型的有效途径。提升我国企业人力资源管理角色的发展水平，就需要在四个层面上实现人力资源管理职能与组织战略的合理匹配。

（1）要确保人力资源管理职能与组织战略之间的管理性联结。人力资源管理职能必须承担起一般性行政管理活动的主要职责，如员工工资发放、考勤记录、绩效考核和员工培训等。这些行政事务的完成既可以通过业务部门来参与完成，也可以借助第三方人力资源管理服务提供商。无论采取哪一种方式，人力资源管理部门都需要在专业化、精准化和有效化方面进行不断改进。管理性联结是人力资源管理扮演战略性角色的前提。

（2）人力资源管理职能要实现和组织战略之间的单向联结。对我国大多数企业的人力资源管理职能而言，并不太可能一蹴而就地参与到组织战略制定这一高附加价值的活动中。单向联结是指人力资源管理部门应该在组织战略制定的情景下，通过辅助业务部门完成任务，从而使得人力资源管理服务类角色得到实现。

（3）人力资源管理职能要实现与组织战略之间的双向联结。当人力资源管理部门已经积累起参与战略执行的经验后，为组织战略制定提供信息支持会变得迫切而需要。这时人力资源管理职能要充分运用自己在组织边界中的有利位置，为组织收集和过滤相关信息，提前预测组织发展中的危险和机遇。同时，人力资源管理职能也需要根据既定的组织战略，适时调整人力资源管理政策、流程等来辅助战略执行。

（4）人力资源管理职能要实现与组织战略之间的整合性联结。整合性

联结意味着人力资源管理部门需要全方位地参与到组织战略制定、战略执行、为业务部门提供服务，以及完成一般性行政管理事务的诸多活动中。更为重要的是，整合性联结还意味着人力资源管理在跨边界角色上要能够从一般守门人角色向任务协调者、关系构建者角色过渡，最终成为组织代表。

二、优化人力资源管理人员与业务管理者的角色分配

既有研究表明，人力资源管理职能形态关系到人力资源管理角色发展水平。目前，对于如何分配人力资源专业人员、业务管理者和外部人力资源管理者的人力资源管理活动职责，并没有统一的认识。一般认为，集权化虽然有利于人力资源管理者全面卷入到组织管理的整个过程，但却容易牵扯人力资源管理者的精力，让他们深陷一般性事务管理的泥潭，无法获得更高级别的工作任命，不利于其核心业务的开展（Legge，2005）。分权化虽然能让人力资源管理者更关注于核心业务，但也有可能让其丧失权力。同时对业务管理者而言，本身已经担了较多的生产性职能，再在人力资源管理事务方面承担一定职责都会加重他们的工作负担，因此，让业务管理者全身心投入到人力资源管理工作中不仅不现实，还可能带来人力资源管理工作效率的降低（Kirkpatrick 等，1992；McGovern 等，1997）。虽然上述两种管理模式各有利弊似乎并不相容。但是，依靠提高业务管理者的人力资源管理能力，以及改善与人力资源外部服务商的关系被证明是有效的方式。

提升业务管理者的人力资源管理能力意味着以下工作非常关键：

（1）塑造积极健康的组织文化，构建有利于人力资源管理实践活动的组织氛围（Bowen 和 Ostroff，2004）。

（2）加大对业务管理者的人力资源管理技能培训，提高他们的工作效率。

（3）及时解决业务管理者在处理人力资源管理活动中遇到的问题，提振他们的信心。

（4）妥善设计人力资源管理实践环节及流程，便于业务管理者采纳使用（Purcell 和 Hutchirson，2007）。

三、整合人力资源管理信息系统与人力资源管理系统

人力资源管理信息技术已经被证实具有改变人力资源专业人员工作方式的潜力，以及改变业务管理者对待人力资源管理事务的态度（Kossek 等，1994）。然而，当前我国企业人力资源管理的信息化程度还很低，相当多企业并没有能够有效开发信息技术对人力资源管理角色发展的潜在红利。一些引进了人力资源管理信息系统的企业也仍然停留在简单运用的层面，尚不能完全释放信息技术在改变人力资源管理方面的巨大作用。

来自发达国家的经验表明，人力资源管理信息技术的使用可能会经历四个不同时期：第一阶段，人力资源管理专业人员运用 HRIS 来处理常规性的管理事务，如员工工资核算、考勤记录与分析、奖金设计与发放等；第二阶段，人力资源管理人员运用 HRIS 进行信息的加工和生产，即利用收集来的信息生成有用的知识并加以运用，以此实现对组织知识的管理进而为业务部门提供咨询；第三阶段，人力资源专业人员运用 HRIS 来实现组织管理系统的完全整合，此时人力资源管理专业人员需要充分运用信息技术来实现与组织管理的无缝对接，让信息流、知识流与工作流保持最大可能的一致；第四阶段，运用 HRIS 为组织战略制定提供支持，有效地扮演战略性角色和变革管理角色。由此可见，依据企业自身的实际状况，并结合信息化管理的阶段性特点，有选择地采用人力资源管理信息系统对推动人力资源管理角色发展具有很强的实践意义。

采用恰当的人力资源管理信息技术还意味着需要加强对我国企业人力资源管理专业人员的计算机技能。由于信息技术的使用能够极大地降低管理成本、提高服务水平和促进组织变革,很多情况下企业会不顾管理人员的实际技能水平,盲目引进高端设备,忽视对软件设施和能力的投入。我国企业人力资源管理信息化程度较发达国家还有很大差距,弥补这方面不足就需要提升我国企业人力资源管理从业人员的计算机能力。

四、提升人力资源管理部门的社会资本水平

不断加剧的全球化竞争让人们意识到了人力资源管理职能扮演战略性角色的重要意义(Dyer,1984;Ulrich,1991;Schuler,1992)。参与组织战略制定与实施并为组织业务部门提供服务,以及成为员工价值开发者都使人们更加重视人力资源管理。然而,实践表明:人力资源管理者和业务管理者在人力资源管理价值感知上存在明显分歧;很多时候在人力资源管理者看来引以为傲的"绩效"却并不被业务管理者认可,而造成这种感知差异的原因大多都与业务管理者对人力资源管理部门工作不熟悉或不了解有关。

人力资源管理部门社会资本概念表明,人力资源管理部门与其他业务部门之间的关系,人力资源管理部门在组织结构网络中的嵌入程度,以及组织内部共享的认知框架是构成社会资本的三个部分(Nahapiet 和 Ghoshal,1998)。允许人力资源管理人员在其他业务部门进行工作轮换可以使人力资源管理人员更充分地了解商业现状,增加他们与其他人员之间的认知程度。通过组织制度设计可以促进人力资源管理部门和业务部门展开合作。因此,合理优化人力资源管理部门的工作实践,协调好不同部门人员之间正式与非正式关系就可以为人力资源管理角色发展带来益处。

第三节　局限与未来展望

一、局　　限

作为一项依靠探索性研究取得的阶段性成果,不论是在研究层面选择、样本和研究方法设计方面,还是研究观点的普适性都还存在不少问题有待修正。

(一)研究层面的统一性问题

尽管笔者选择从跨组织边界视角探讨人力资源管理角色的结构形态及其演变规律,但是在理论分析和实证研究两个环节上并不能完全做到研究层面的统一。具体而言,将企业人力资源管理职能部门作为分析对象进行理论论证,而在进行实证研究时,问卷填写对象是个体层面上的人力资源管理者或业务管理者,因此无法有效区分出受访对象是针对公司人力资源管理的职能角色状况进行反馈,还是基于对某个人的人力资源管理经历进行问卷填写。这一研究层面上的不统一必然影响到研究结论的有效性,从而影响到研究的整体质量。

(二)研究方法的局限性问题

从质化研究与量化研究的比较来看,采用案例分析方法可能更有利于解释企业人力资源管理角色发展的必然性和偶然性,也更利于对人力资源管理跨边界角色的结构特征做出解释。然而局限于研究能力和调研条件所限，主要运用了问卷调查方法，因此可能无法对人力资源管理角色发展中的某些问题做出更深刻的阐述。

(三)数据来源的单一性问题

企业人力资源管理角色发展是一个崭新的研究领域，关于人力资源跨边界角色与角色发展形态的理论建构尚处于不完善的阶段。对于这样一个兼具前瞻性和挑战性的研究项目，现有文献资料相对匮乏，借助理论推演和实证分析来进行论述，但实证研究数据只选择了被调研企业中的一个被调查者，而没有采用配对研究方法来规避数据采集存在的问题。

此外，由于笔者能力有限，在界定人力资源管理跨边界角色的结构特征时，并没有对人力资源管理跨边界角色与其他职能跨边界角色的本质进行区分。事实上，就人力资源管理的特殊性而言，知识管理及关系构建可能是人力资源管理外部角色的主要形式，但尚未对前者加以论述，从而可能存在观点的普适性问题。

二、未来展望

后续研究需要就以下几个问题进一步展开探讨：

1. 人力资源管理跨边界角色的相关问题

如前所述，笔者在针对人力资源管理跨边界角色这一概念进行构建时，并没有区分人力资源管理跨边界角色与其他职能跨边界角色之间的本质差异。然而不同视角下，人力资源管理跨边界角色的内涵可能存在不同结构。未来研究可以选择从知识管理等视角对人力资源管理跨边界角色的内涵与外延进行进一步挖掘。

2. 人力资源管理角色发展的相关问题

通过对人力资源管理角色结构和角色发展动因的分析,构建了人力资源管理角色发展研究的理论体系。但是对于角色如何定位、管理者如何进行人力资源管理角色选择,以及如何评价人力资源管理角色发展的效果等问题,并未进行论述。后续研究可以继续沿着这一分析框架进一步挖掘和探讨上述问题,丰富人力资源管理角色研究。

3. 针对我国企业人力资源管理角色发展的实证分析问题

(1)从调查样本的来源来看,绝大多数接受调查的公司基本上都在我国北方地区,针对南方城市、西部地区以及中部地区企业的调查相对匮乏。未来有必要对我国其他地区的企业展开相关研究。

(2)在研究方法上质化研究更有利于对概念构建性问题进行分析,而人力资源管理跨边界角色以及人力资源管理角色发展都属于此类问题。所以,后续研究可以考虑采用案例研究、扎根理论等质化研究方法来探讨人力资源管理的角色发展。

4. 针对研究中提到的一些相关概念的界定问题

在各章节中,虽然对有些概念没有进行充分讨论,却仍然值得关注。比如,共享人力资源服务中心是当前西方企业普遍采用的一种人力资源管理实践形式,而这一新的实践形式尚未在我国企业被广泛推广。围绕这一新鲜事物,可以尝试探讨其运用问题或价值评价问题。再如,从人力资源管理职能部门视角分析其角色类型及发展,对于业务管理者的人力资源管理角色问题又是如何发展,如何演化的?哪些关键要素发挥了积极作用?与人力资源管理部门的角色相比,业务经理的人力资源管理角色是否存在特殊性?类似这样的问题仍然具有研究价值。

附 录

中国企业人力资源管理
角色发展调查问卷

尊敬的先生/女士：

  您好，非常感谢您在百忙之中能抽空填写本问卷。

  当商业环境变得残酷而激烈时，很多公司选择开展组织间合作（既包括深层次的合作，也包括浅层次的合作）来维持竞争优势。本问卷旨在调研当前我国企业人力资源管理部门在组织进行外部合作时扮演的角色类型，以及影响企业人力资源管理角色发展的主要原因。

  由于您填写的资料将是我们进行此项学术性研究的重要信息来源，它关系到研究结论的科学性，所以恳请您能谨慎、如实地填写。同时，我们也向您郑重承诺：所有数据、信息和资料仅用于学术研究。我们将对您的隐私完全保密！

  由衷感谢您的支持与协助！祝您身体安康，万事如意！

一、基本信息（请在相应的选项前打"√"）

1. 贵公司属于哪个行业：

□农、林、牧、渔业 　　　　□采矿业

□制造业 　　　　□建筑业

□电力、燃气及水生产服务 　　　　□交通运输、仓储及邮电通信业

□金融、保险及房地产业 　　　　□信息传输、计算机服务

□批发、零售贸易及餐饮业 　　　　□社会服务业

□卫生、教育、文化艺术及广播电视业

□其他（　　　　　）

2. 贵公司的所有制形式：

□国有企业 　　　　□集体所有制企业

□民营企业 　　　　□股份制企业

□中外合资企业 　　　　□中外合作经营企业

□其他（　　　　　）

3. 贵公司的员工规模（包括非正式员工，如派遣员工、临时用工等）：

□100人及以下 　　　　□100～500人（包括500人）

□500～1 000人（包括1 000人） 　　　　□1 000～3 000人（包括3 000人）

□3 000人以上

4. 您所在的职能部门是：

□业务部门 　　　　□人力资源管理部门

□其他（　　　　　）

二、请对当前贵公司人力资源管理部门角色的任务特征进行评价

（在相应的选项前打"√"）

	1（非常不符合）	2（比较不符合）	3（一般）	4（比较符合）	5（非常符合）
人力资源管理部门经常为公司收集和过滤来自外部环境中的信息（如政治信息、业务信息等）					
人力资源管理部门积极充当公司与外部合作者之间进行信息传递的桥梁					
人力资源管理部门经常就外部环境中存在的风险和机会向管理者提出建议					
人力资源管理部门通过各种渠道向合作伙伴宣传公司的战略目标、宗旨和做事原则等					
人力资源管理部门采取各种方式去影响合作伙伴的政策选择和计划制订					
人力资源管理部门经常邀请公司外部合作伙伴参加一些活动，促进双方的了解					
人力资源管理部门积极维持与公司外部机构建立起来的良好关系（正式或私人关系）					
人力资源管理部门会通过正式或非正式渠道与公司外部合作伙伴就各类问题进行即时沟通					
人力资源管理部门会积极吸收经验和教训，运用到新的工作任务中					
人力资源管理部门非常清楚公司在未来5年的战略计划和目标					
人力资源管理部门积极参与公司战略计划的制订与执行					
人力资源管理部门积极参与组织变革，缓解员工的抵触情绪					
人力资源管理部门积极协助业务经理处理相关事务，提供解决方案					

续上表

	1(非常不符合)	2(比较不符合)	3(一般)	4(比较符合)	5(非常符合)
人力资源管理部门积极帮助员工提升自己的职业能力					
人力资源管理部门定期和员工进行沟通,了解他们的需求和看法					
人力资源管理部门的主要职责是进行员工工资管理、绩效考核和员工培训等					
人力资源管理部门非常重视成本管理					

三、请对影响贵公司人力资源管理角色发展的要素特征进行评价(在相应选项前打"√")

1. 请就贵公司人力资源部门与公司外部合作者之间的关系特征进行评价。

	1(非常不符合)	2(比较不符合)	3(一般)	4(比较符合)	5(非常符合)
和合作伙伴之间能信守承诺					
与合作伙伴之间的关系比较稳定,对各自的分工很有默契感					
将合作伙伴看作朋友来对待,愿意与对方分享自己的成功经验和知识					
将维持双方共同的利益作为合作的出发点和终点					
高层管理者对合作关系非常重视,经常过问双方的合作状况,并就合作前景提出建议和对策					
当合作双方发生冲突时,虽然公司愿意与对方进行公平协商,但还是希望在谈判中占据有利地位					
公司通过经常更换外部合作伙伴的方式来避免内部知识转移或流失,并积极对此进行即时监控,以避免意外发生					

续上表

	1(非常不符合)	2(比较不符合)	3(一般)	4(比较符合)	5(非常符合)
相对于对方从合作中得到的回报,合作并没有给公司带来应有的公平回报					
双方之间的合作仅在个别部门之间展开,参与的人数也相对较少					

2. 请对贵公司组织结构的本质特征进行评价。

	1(非常不符合)	2(比较不符合)	3(一般)	4(比较符合)	5(非常符合)
公司的主要权力都集中在高层管理者手中,由高层管理者负责战略性问题的决策					
公司对内部各部门以及岗位人员的工作都有明确而细致的规定					
公司内部主要采用文件、信函等正式沟通机制来进行交流					
公司内部各部门之间的任务分工非常明确,任务的协调需要上一级管理者出面协调					
公司的管理层级较多					
公司的规范化程度很高					

3. 请对贵公司创新战略的类型进行评价。

	1(非常不符合)	2(比较不符合)	3(一般)	4(比较符合)	5(非常符合)
公司非常强调借鉴合作伙伴的新技术,并积极运用到公司自有产品的开发中					
公司的很多创意和灵感都是在合作过程中产生的					
公司通过外部合作获取了很多新资源					
公司的很多产品都采纳了合作伙伴的研发成果					

续上表

	1(非常 不符合)	2(比较 不符合)	3(一般)	4(比较 符合)	5(非常 符合)
公司依靠合作伙伴的渠道加速了新产品推广的力度					
公司非常强调内部创新,认为只有在面临强烈的外部环境压力时才有必要开展外部合作					
公司的产品线比较窄,大多数产品都来自一个系列					

4. 请对当前贵公司人力资源管理部门的结构型社会资本进行评价。

	1(非常 不符合)	2(比较 不符合)	3(一般)	4(比较 符合)	5(非常 符合)
人力资源管理人员在公司高层管理团队中占有一席之地					
人力资源管理部门经常参加业务部门召开的会议					
人力资源管理部门在人员任命时享有一票否决权					
人力资源管理人员在公司内享有很高的声望					
高层管理人员非常重视人力资源管理部门提出的意见					
人力资源人员经常到其他部门轮岗					

问卷到此结束,再次感谢您的支持! 顺祝您生活开心,事业顺心!

参考文献

[1] 陈理飞,史安娜,夏建伟.复杂适应系统理论在管理领域的应用[J].科技管理研究, 2007(8):40-42.

[2] 姚兵.不确定环境下多元化战略和组织结构的实证分析[D].大连:东北财经大 学,2006.

[3] 王作军,任浩,田颖男.企业组织间关系:结构与战略选择[J].科学管理研究,2008 (4):82-85.

[4] 喻卫斌.不确定性和网络组织研究[M].北京:中国社会科学出版社,2007.

[5] 李新建,孟繁强,王健友,等.超组织人力资源管理研究:机理、模式与应用[M].太 原:山西人民出版社,2011.

[6] 汤伟伟,贾苗苗.组织人力资源管理动态能力提升实现研究[J].产业与科技论坛, 2009,8(6):206-208.

[7] 蒋峦,谢卫红,蓝海林.组织柔性结构的演进及其演进的理论诠释[J].中国软科学, 2005(3):84-88.

[8] 杜慕群.资源、能力、外部环境、战略与竞争优势的整合研究[J].管理世界,2003 (10):145-146.

[9] 孔锦,刘洪,王艳,等.转型经济下中国企业人力资源管理角色转变与组织有效性的 关联研究[J].软科学,2010(11):72-77.

[10] 奚从清.角色论:个人与社会的互动[M].杭州:浙江大学出版社,2010.

[11] 特纳.社会学理论的结构[M].邱泽奇,张茂元,译.杭州:浙江人民出版社,1987.

[12] 周晓虹.现代西方社会心理学流派[M].南京:南京大学出版社,1990.

[13] 林顿.人类研究[M].纽约:阿普尔顿-森特利-克罗夫特出版社,1936.

[14] 崔世娟,王志球.企业动态能力研究综述[J].深圳大学学报(人文社会科学版),

2008,25(2):92-96.

[15] 陈兴淋. 组织边界的理论及其作用[J]. 学术界,2008,129(2):84-88.

[16] 田也壮,方淑芬. 组织边界及部门间边界机理研究[J]. 系统工程学报,2000,15(4):389-393.

[17] 石自超. 企业边界问题研究[D]. 长春:吉林大学. 2009:30.

[18] 路福平,李玉. 微生物学[M]. 2版. 北京:中国轻工业出版社. 2020.

[19] 汪涛,牟宇鹏,周玲,等. 企业如何实现开放式创新:基于光华伟业的案例研究[J]. 科学性与科学技术管理,2013,34(10):112-121.

[20] 赵卫东,戴伟辉. 基于角色的跨组织工作流研究[J]. 系统工程与电子技术,2003(8):954-958.

[21] 彭正银. 企业网络组织的异变与治理模式的适应性研究[M]. 北京:经济科学出版社,2009.

[22] 杨蕙馨,冯文娜. 中间性组织研究[M]. 北京:经济科学出版社,2008.

[23] 张雪魁. 知识、不确定性与经济理论[M]. 上海:上海人民出版社,2010.

[24] 高维和,陈信康. 组织间关系演进:三维契约、路径和驱动机制研究[J]. 当代经济管理,2009(8):1-8.

[25] 马迎贤. 组织间关系资源依赖理论的历史演进[J]. 社会,2004(7):33-37.

[26] 罗珉. 组织间关系理论研究的深度与解释力辨析[J]. 外国经济与管理,2008(1):23-30.

[27] 符绍珊. 企业组织结构模式创新研究[M]. 北京:中国经济出版社,2008.

[28] 杜慕群. 资源、能力、外部环境、战略与竞争优势的整合研究[J]. 管理世界,2003(10):145-148.

[29] 邢煜之. 企业成长的三种关键能力[J]. 企业活力,2008(3):80-82.

[30] 刘川. HR外包服务商经营模式研究:基于业态与交易构型的分析[D]. 天津:南开大学,2010:106-107.

[31] 陈忠卫,魏丽红,李庆九. 战略性人力资源管理与传统人力资源管理的差异及发展评析[J]. 中国管理科学,2006(12):719-724.

［32］梁浩. 企业网络理论的现状及国内研究中的困境［J］. 江淮论坛，2006(3)：33-37.

［33］徐淑英，蔡洪滨. 管理科学季刊最佳论文集萃(第二辑)［M］. 北京：北京大学出版社，2012.

［34］刘静，胡星，曾超. 人力资源外包管理的演进、效应及实施策略［J］. 生产力研究，2008(17)：60-62.

［35］张帆. 企业人力资源管理的边界：审视企业 HRM 危机与变革的另一个视角［J］. 当代经济管理，2007，29(3)：84-87.

［36］孟繁强. 战略人力资源管理的匹配与冗余：两种逻辑的形成与耦合［J］. 经济管理，2010(3).

［37］宋典，袁勇志. 企业人力资源管理能力与角色关系的实证研究［J］. 科技进步与对策，2009，22(26)：190-192.

［38］张光明，赵锡斌. 企业与环境相互作用机理研究［J］. 科技与管理，2005，34(6)：10-15.

［39］卢福财，何炜. 一个分析网络组织人力资源管理的理论框架［J］. 当代财经，2009，300(11)：69-74.

［40］SCOTT W R. Organizational structure［J］. Annual Review of Sociology，1975(1)：1-20.

［41］FENNEL M L，ALEXANDER J A. Organizational Boundary Spanning in Institutionalized Environments［J］. the Academy of Management Journal，1987，30(3)：456-476.

［42］AIKEN M ，HAGE J. The organic organization and innovation［J］. Sociology，1971(5)：63.

［43］THOMPSON P. The trouble with HRM［J］. Human Resource Management Journal，2011，21(4)：355-367.

［44］MAXWEL G A，WASTON S. Perspectives on Line Managers in Human Resource Management：Hilton International's UK Hotels［J］. International Journal of Human Resource Management，2006，17(6)：1152-1170.

[45] HASSAN M, ZARAR M. Strategic Role of Human Resource Development as Boundary Spanner [J]. European Journal of Economics, Finance and Administrative Sciences,2010(19):146-154.

[46] RUSS G S, GALANG M C, Gerald R. Ferris. Power and Influence of the HR Function through Boundary Spanning and Information Management[J]. Human Resource Management Review,1998,8(2):125-148.

[47] CUNNINGHAM I. The HR function in purchaser-provider relationships: Insights from the UK voluntary sector[J]. Human resource management Journal,2010,20 (2):189-205.

[48] KAOOCHE K. Strategic Human Resource Management within a resource-capability View of the Firm[J]. Journal of Management Studies, 1996, 33(2): 213-233.

[49] BARNEY J B,WRIGHT P M. On becoming a strategic partner: the role of human resources in gaining competitive advantage[J]. Human Resource Management, 1998,37(1):31-46.

[50] JULIA B L, POHLER D. The Human Resource Department's Role and Conditions that Affect its Development: Explanations From Australian CEOs[J]. Human Resource Management, 2010,49(6):1025-1046.

[51] BARUCH Y. Walking the Tightrope: Strategic Issues for Human Resource[J]. Long Range Planning,1998,31(3):467-475.

[52] DUMEZ H, JEUNEMAIRTRE A. The management of organizational boundaries: A case study [J]. Management,2010,10 (3):151-171.